di **Riccardo Badolato** Dottore in Tecnologie della comunicazione audiovisiva e multimediale

Il Videoclip dalla I alla D
Dall'*I*dea alla *D*istribuzione

Ringraziamenti
Dott. **Vitaliano Teti** – Supervisore generale

Indice

Introduzione dell'autore

Prima di iniziare a parlare del vasto mondo dei videoclip e di tutte le fasi ideative, organizzative e realizzative di questo genere di audiovisivi dobbiamo soffermarci un attimo a riflettere su quelli che sono i nostri obiettivi e quelle che devono essere le conoscenze basilari di chi si avvicina a questa guida pratica.

Personalmente lavoro come video operatore nella produzione di spot, audiovisivi per aziende e videoclip musicali per privati.

Lavorando in questo settore ci si accorge ben presto che parte dei testi in circolazione non forniscono le conoscenze adeguate.

In alcune parti del libro potrete ritrovare la descrizione di problematiche reali incontrate sul set e leggerete anche la soluzione più adatta a quel tipo di problema.

Pochi si sono soffermati sui software di montaggio e le tecnologie più adatte di cui abbiamo bisogno per il nostro lavoro. Se volessimo approcciarci professionalmente alla produzione di un prodotto audiovisivo abbiamo bisogno soprattutto di dati e non di mere teorie.

Senza nulla togliere alla serietà di altri testi o lavori sul mercato è evidente come un approccio pratico sia più adatto a raggiungere degli obiettivi in ambito lavorativo. In termini di apprendimento, secondo il mio parere, una giornata di riprese sul set, osservando e seguendo un bravo regista, in esperienza e conoscenza equivale a più di un mese di studio sui libri.

Per imparare a fare qualcosa, oggi come oggi, non basta studiare, occorre fare tanta pratica, affiancare il libro al computer, alla telecamera ed entrare in un'ottica di multimedialità.

Il regista è colui che oltre ad approcciarsi al video con atteggiamento artistico e intellettuale è in grado di intervenire in ogni fase della produzione, non penso che un regista possa definirsi di successo solo se si limita a delegare compiti e non prende in mano, lui stesso, la *produzione*.

Il mio intento è quello di creare una guida pratica sul videoclip che raccolga ogni fase della pianificazione e della produzione di un prodotto professionale, in base anche alle nostre possibilità economiche.

Naturalmente le fasi ideative e produttive del videoclip possono essere applicate anche ad altri format, quindi non stupitevi se in alcuni capitoli troverete riferimenti a testi, immagini o attrezzature usate sia per i videoclip che per cortometraggi o lungometraggi.

Nei primi capitoli daremo informazioni basilari, da dove nascono le idee, come metterle su carta tramite una sceneggiatura e come procedere con tutte le altre fasi di pre produzione.

Dopo aver visto i metodi di programmazione e della scrittura creativa passeremo ad analizzare gli aspetti economici, analizzando il budget e le sue parti.

Prenderemo in analisi anche lo studio delle location, del target e della pubblicità, la scelta delle figure professionali della troupe, dai tecnici ai truccatori e come muoverci per far risaltare al massimo la figura del nostro/a performer.

Uno dei punti principali da non scordare mai è sapere che, benché la nostra immaginazione come registi o autori sia più o meno vasta, il videoclip è fatto per dare visibilità al cantante o al gruppo musicale. È quindi questo soggetto a doverne uscirne al meglio nel video, tutti devono ricordarsi del cantante e del suo videoclip e non viceversa.

Finita la fase di pre produzione e approvato il progetto di realizzazione arriva il momento della produzione vera e propria. Stiliamo il nostro piano di produzione e prendiamo in mano la telecamera, piazziamo il nostro performer, dirigiamo gli operatori video, i tecnici delle luci, motore, ciak e iniziamo a girare.

Analizzata la regia, i modi e i tempi di ripresa guarderemo la post produzione.
In questa fase dobbiamo decidere con quale software di editing video montare, come montare e in che modo è meglio lavorare, partendo dall'acquisizione fino all'esportazione, con software di montaggio, di livello broadcast, cioè professionali come *AVID, Adobe PREMIERE Pro, Apple FINAL CUT Pro* o consumer, ovvero usati oltre che dai professionisti anche da amatori come *EDIUS e PINNACLE*.

Terminato il montaggio e realizzato il dvd dobbiamo commercializzato o renderlo pubblico.
Per alcuni casi potrebbe essere finita qua, si consegna il video alla casa discografica o allo studio pubblicitario del cliente e quest'ultimi penseranno alla distribuzione e trasmissione in tv e nel web, ma sapere come e quando distribuire il prodotto, con chi è meglio farlo e che strategie seguire per queste ultime importantissime fasi di distribuzione

ci servirà per non rimanere con le mani in mano e avere anche noi voce in capitolo nelle scelte promozionali.

Dovremmo essere in grado di condurre il nostro lavoro fino agli scaffali senza che cada nel dimenticatoio a causa di una campagna pubblicitaria sbagliata o di modi di promozione non ottimali.

Che siate semplici appassionati o futuri professionisti del settore, questa guida vi porterà passo a passo dalla I alla D, ovvero dall'Idea alla Distribuzione del vostro videoclip.

P.s. Le procedure, i software e gli hardware descritti in questo libro fanno riferimento al periodo tecnico – lavorativo compreso tra gennaio 2011 e dicembre 2012, benché le fasi ideative e creative possano essere poco differenti, quelle riguardanti le tecnologie possono variare in maniera più o meno incisiva.

Capitolo 1. L'idea

1.1 Concepire l'idea

Se vi domandassero: Come si elabora l'idea per un Videoclip? Come rispondereste? La maggior parte delle volte la risposta principale è "mi faccio venire in mente qualcosa", una risposta molto vaga e vuota. Concepire un'idea non è un'operazione meccanica.

L'idea per un prodotto audiovisivo non può essere categorizzata, essa nasce in milioni di modi diversi e in altrettanti modi può essere trattata e sviluppata, anche se ci sono alcuni metodi precisi per trattarla professionalmente.

Per prima cosa distinguiamo due tipi di idee: l'idea originale e l'idea derivata,

L'idea originale nasce istintivamente nel momento in cui leggiamo un testo o sentiamo il brano musicale e ci porta a sviluppare un prodotto nuovo partendo praticamente dalle basi, pensando oltre al videoclip all'aspetto del performer, nel caso non abbia già una sua identità prestabilita.

Stilando la nostra idea dobbiamo pensare al momento in cui sarà sottoporre a giudizio del cliente o del direttore della produzione e quindi a come potrebbero reagire a un'idea troppo articolata o troppo esigua, cerchiamo di stare nel mezzo.

Generalmente funziona così: un cliente, o chi per lui, ci informa dell'intenzione di girare un videoclip, ci fornisce le informazioni base sul performer o il gruppo e ci dà un input, solitamente il testo del brano, da cui far fiorire la nostra storia e trasmettere un messaggio.

Da quel momento la fantasia e la prontezza saranno le nostre uniche armi. Dimostrarsi veloci e intuitivi potrà essere un punto a nostro favore verso possibili concorrenti.

L'idea derivata invece è più comune perché prevede una sorta di imposizione, ovvero ci viene richiesto di creare un prodotto con determinate caratteristiche, che mostri certe scene o incorpori determinati scenari o messaggi e che facciano apparire il performer musicale e il suo messaggio in un certo modo.

Con questa seconda opzione saremo meno liberi ma sarà più difficile sbagliare, dato che le linea guida ci verranno illustrate con precisione da qualcun altro, saremo solo i registi di un'idea già partorita da altri.

La nostra impronta di regista potrà essere comunque presente nelle singole inquadrature. Inoltre proporre dei cambiamenti non è mai una cattiva idea, se si può migliorare un prodotto, senza aumentarne troppo i costi, è sempre un bene.

In questo primo capitolo cercherò di dare alcune indicazioni, tecniche e teoriche, per essere in grado di "mettere su carta" le idee e saper costruire passo dopo passo una struttura che nella sua semplicità possa essere articolata in maniera complessa nei documenti successivi.

Quando iniziamo a scrivere teniamo a mente tutto ciò che concerne la nostra idea di videoclip. Dalla bozza del plot a tutti i dettagli possibili, dobbiamo appuntare tutto e racchiudere queste idee in un estratto massimo di due pagine, tra scrittura, foto e schizzi.

Parlando di videoclip, solitamente, si ha a che fare con clienti dinamici, cioè con tempi molto stretti di lavoro, e che difficilmente sono anche grandi esperti di linguaggio audiovisivo, quindi cercheranno di darci più informazioni possibili e si affideranno alla vostra rapidità di feedback per capire se il prodotto sarà valido o meno.

Capire cosa vuole dirci un cliente e dargli un'idea originale, vicina il più possibile alla sua, deve essere un processo molto veloce; per fare ciò dobbiamo anche pensare ai suoi concorrenti e a quello che fanno. Copiare un'idea e rielaborarla per le nostre esigenze può essere assai utile in certi casi, quindi non abbiate paura di "copiare" l'importante è assimilare quell'idea in maniera intima in modo da renderla ed elaborarla alla propria maniera, trasformando una copia in un'originale.

Con il cliente comunque dobbiamo restare semplici e sintetici, in modo che comprenda la nostra idea e ci dia subito il suo nulla-osta per procedere alla stesura degli altri documenti.

Una mia grezza definizione d'idea si identifica in tutto ciò che la nostra mente fa scaturire secondo un input qualsiasi: visivo, auditivo o intellettuale.

Anche un semplice dialogo può far scaturire la nostra idea, è pertanto un'elaborazione estremamente personale.

Essere creativi non significa per forza essere un genio o un'artista dalle grandi doti, la creatività dipende dal soggetto, dalle possibilità realizzative del brano, dall'immaginazione personale e anche dal contesto in cui opera. Maggiori sono le situazioni e gli spunti che ci circondano, maggiore è la documentazione che permette al nostro cervello di elaborare tutti gli input necessari a creare un qualcosa di totalmente nuovo.

Lavorare spesso con i video e vedere molti videoclip, anche di fama mondiale, ci può essere di grande aiuto, "copiare" tanti stili ci serve a capire e creare un nostro stile.

Scrivere l'idea per un videoclip è relativamente semplice, il difficile è carpirla nel modo corretto. Per fare ciò è necessario ascoltare più volte il brano musicale su cui dovremo agire, leggere il testo e raccogliere più informazioni possibili sull'artista e la sua personalità.

Sapere anche il fine ultimo del cantante, ovvero il messaggio che vuole trasmettere con il suo pezzo, ciò che il gruppo vuole dire con quel pezzo, può aiutare a realizzare poi un soggetto in grado di valorizzare al meglio la sua personalità e la sua immagine.

La gente ricorda l'artista per le sue particolarità, quindi si dovrà cercare di mantenere lo stesso stile che esibisce nei live o nei passati videoclip, in modo da tenere a mente quegli elementi di unicità che lo hanno fatto amare dal suoi fans.

In ogni artista famoso, da *Luciano Ligabue* a *Rihanna* si ha sempre uno stile guida e, nei rari casi in cui questo stile venga modificato, si ha un a scissione dei fans in compiaciuti e contrari.

Inoltre è importante trovare sempre nuovi modi per fare apparire bello il performer, sia a lui stesso che al pubblico.[1]

Una volta ascoltato il brano, individuato il genere e il filone musicale, si buttano giù le prime idee sul video.

Il videoclip è vincolato alla musica, il montaggio condizionato da essa.

---

[1] S. Bertelli, 2006, "Tesi *Il lavoro del regista nella produzione del videoclip italiano*", Università degli Studi di Ferrara, Corso "Tecnologo della comunicazione", pp. 21-23

Diamo ora un esempio di idea derivata, l'unica cosa che cambia nell'esposizione di un'idea derivata da quella di una originale è che in cima al testo vanno indicati i principi guida dati dal nostro cliente.

Punti da sviluppare: Il gruppo vuole trasmettere un'idea di rock sotto una faccia di semplicità e simpatia, non tralasciando però l'irriverenza dei loro brani. Come punto di partenza si è pensato allo stile dei videoclip dei *Sum 41* intitolato *"Fatlip"* e quello di *Avril Lavigne* sul brano *"Skater Boy"*

Idea: La band sale su un treno in città con gli strumenti e le casse e si mette a suonare, stupendo i passeggeri, a tutto volume, dopo poco vengono buttati già dal treno dal controllore, i ragazzi scappano via, seguiti da alcuni fan.
Salgono poi su un bus cittadino dove continuano a suonare il pezzo e nuovamente vengono cacciati fuori, e anche stavolta portano con loro altri fan. I ragazzi si mettono a suonare sul tetto di una macchina, quando arriva la polizia scappano sul tetto di una casa, intanto un pubblico di ragazzi si è radunato in strada per ascoltare ed acclamare il gruppo. Quando arrivano altri poliziotti i ragazzi scappano e fuggono in macchina. Alla fine del video si vede un aeroporto e quattro persone con cappello e barba in fila al check in con degli strumenti, la camera mostra il volto di uno degli uomini che spostando la barba si rivela il musicista del gruppo e fa un occhiolino.

1.2 Concetti teorici di base sul Videoclip

L'esperienza e la pratica in questo campo sono molto importanti.

Saper osservare in continuazione i nostri lavori e quelli degli altri con occhio critico e costruttivo ci può aiutare molto nella creazione di un concept per il nostro videoclip.

Pensare a come sviluppare l'idea e cosa usare nel video compone un concept, ovvero una sorta di bozza di ciò che ci servirà e che farà da traccia per la stesura di un soggetto coerente alla nostra idea

Il nostro soggetto è il cantante, il frontman o il gruppo, e dovrà essere nostra premura cercare di valorizzare qualsiasi tipo di artista presente nel videoclip.

Definito il soggetto delle riprese si passa a pensare al **target**.

Nel caso in cui il soggetto abbia già un seguito di fans appartenenti ad una fascia prestabilita di pubblico dovremo attenerci a quel target, in alternativa esaminando le scelte della discografia e i trascorsi del gruppo, dovremmo capire a quale fascia di pubblico il gruppo dovrebbe rivolgere il suo brano per avere il massimo del successo possibile.

Un target adatto a cui far riferimento per un gruppo giovane possono essere i ragazzi e le ragazze di età compressa tra gli 11 e i 25 anni, ma la fascia può comprendere varie categorie di pubblico, una forbice che racchiude persone dello stesso sesso, della stessa età o addirittura di un determinato format televisivo come accade per i reality televisivi di *Mediaset Amici, X-Factor* o programmi musicali di *MTV Trl on Tour*.

Il target va definito in pre produzione ma è in post produzione che viene inquadrato a 360° per essere bombardato da una campagna promozionale e distribuzione mirata.

Il cantante andrà poi inserito all'interno di un contesto che dobbiamo delineare per il nostro videoclip.

Prima di scrivere la nostra idea dobbiamo infatti ricordarci che, tra tutti i tipi di videoclip, ci sono tre categorie principali e ognuna ha delle caratteristiche precise che devono essere ricordate e rispettate[2]:

1_ **Il videoclip performativo** riguarda l'esibizione di un gruppo o di un singolo interprete durante l'esecuzione del brano. Tipologia di fatto presente in gran parte dei videoclip, poiché esibisce la nostra star musicale in una rappresentazione più o meno realistica della messa in scena, è la forma più usata. In questa prima tipologia il performer appare come interprete assoluto, non si limita ad eseguire il brano, ma recita nei panni di un personaggio fittizio o meno. L'esempio più classico sono le riprese di un gruppo in studio di registrazione, o mentre eseguono il brano, affiancate da alcune inquadrature della pop star al di fuori dell'ensemble del gruppo. Uno degli ultimi esempi che si hanno di questo tipo di videoclip, visto allo stato puro della performance è il brano "*Domani* 21.04.09" scritto da *Mauro Pagani* e interpretata da 50 artisti italiani in ricordo della catastrofe del terremoto Abruzzese di quei giorni.

Mentre una forma mista, in arrivo da oltre oceano, è quella del videoclip di *Bruno Mars "Grenade"*.

2_ **Videoclip narrativo**, ovvero la messa in scena di una sequenza di eventi connessi tra di loro, in sostanza una sorta di

---

[2] G. Sibilla, 1999, "*Musica da vedere*. Il videoclip nella televisione italiana", Roma, Eri/Rai-VQPT, pp. 30-36

breve storia o cortometraggio. Si avvicina molto all'idea di sceneggiatura cinematografica. È il genere che lega maggiormente il videoclip al formato cinematografico. Qui il videoclip diventa una storia in cui il performer è semplicemente un'interprete del brano e assiste agli eventi dal di fuori di ruolo di cantante, da una posizione di contorno o addirittura non è presente. Come nel videoclip di *Pink* *"F**kin' Perfect"* o *"Firework"* *di Katy Perry*.

3_ **Il videoclip concettuale** invece sviluppa un tema o un'immagine attraverso una struttura associativa e in certi casi casuale. Qui l'esecutore del brano è completamente assente dalla storia ma presente come entità estranea.[3] Tale forma è molto vicina alla televisione, offre maggiori possibilità di sperimentazione e talvolta si affianca ad un'altra categoria di videoclip, il clip trailer. Generalmente in questa tipologia si assiste ad un'alternanza tra la performance della band o del solista e le sequenze tratte dalla pellicola cinematografica, creando un collage del film che segua la traccia del brano.[4] In altre opzioni si vede la band sotto forma di cartone animato o simili.

Esempi lampanti sono il video *"New divide"* dei *Linkin park*, pezzo usato come Soundtrack del film *Transformers 2* e praticamente tutti i videoclip del gruppo musicale *Gorillaz* in cui è stata fatta la scelta di creare cartoni animati 2d e 3d al posto dei membri del gruppo.

Queste tre macro categorie spesso sono mixate all'interno di uno stesso clip o scisse ulteriormente in

---

[3] G. Sibilla, 1999, *"Musica da vedere"*, op. cit., pp. 31-36
[4] S. Bertelli, 2006, "Tesi *Il lavoro del regista nella produzione del videoclip italiano"*," op. cit. pp. 9-10

sottocategorie che cambiano il modo di girare o riprendere il soggetto musicale.

Comunque sia, queste tre tipologie possono essere sia ben distinte che miscelate insieme, come un collage di generi, in grado di formulare un proprio linguaggio e ricreare situazioni sempre nuove, come ad esempio il videoclip di *Will Smith " Men in black"* in cui è presente la componente performativa con l'interprete che canta e balla, una scena narrativa e concettuale quando mostra spezzoni del film *Men in black* e immagini ricreate in studio per creare una sorta di storia parallela collegata al film.

Quando scriviamo un'idea o un concept per un videoclip dobbiamo tenere conto di cosa conterrà il documento, quali sono gli obiettivi del progetto, il nostro target e come spiegare nel migliore dei modi la nostra idea.

Prima dello shooting, ovvero dell'inizio delle riprese, dovrà passare ancora molto tempo.

Prima vi è il pre shooting, ovvero la scelta degli abiti sia per l'artista che per le comparse, prove di trucco e coreografie e la preparazione di macchine e location.

Dobbiamo ricordarci l'importanza di controllare tutto, dalla location al meteo, perché può accadere che eventuali cambi di programma prolunghino la permanenza della troupe e dell'artista in un luogo e quindi anche i costi.

Come vi è un pre shooting vi è anche la pre-produzione di un videoclip. Come in ogni altra parte del processo di realizzazione di un prodotto audiovisivo, è un complesso di fasi ideative e organizzative descritte nei minimi dettagli.

Le linee guida date in questa macro fase devono portare alla luce tutto ciò che ci servirà nella produzione vera e propria. Pianificando anche i momenti delle riprese, le strategie di marketing e di merchandising, tutto ciò che ci sarà utile per colpire il target e i futuri modi di promozione e distribuzione del filmato e del dvd.

Naturalmente è meglio stampare dei moduli in cui dovrete elencare, in una tabella, tutto ciò che dovrete fare, avete fatto e potreste fare.

Prevedere una buona organizzazione ci aiuta a prevedere eventuali modifiche nel caso le condizioni di riprese, tempo, luogo e meteo, si vadano a modificare.

Ricordiamoci infine di pesare le nostre competenze con le richieste del nostro clienti perché, se richiedesse scene in grafica 3d o particolari sequenze animate e noi non fossimo in grado di realizzarle dovremo calcolare nel nostro preventivo dei costi le spese per l'esperto preposto.

1.3 Il Concept e introduzione al concetto di pre-produzione

Ora abbiamo capito come collocare il nostro videoclip in una delle categorie sopra esposte ma dobbiamo iniziare a scrivere l'idea.

Occorre presentarla nel modo giusto, sorpassando velocemente la fase di abbozzo, ovvero il momento in cui annotiamo la nostra idea su un foglio e passare alla prima stesura di un concept.

Il concept è l'idea che funge da linea guida per il videoclip. Non sappiamo bene il grado di conoscenza audiovisiva del nostro possibile interlocutore quindi è meglio essere semplici e non complicare la nostra esposizione con troppi tecnicismi, rischiando che il nostro lavoro non sia capito ancora prima di partire.

Le spiegazioni tecniche lasciamole per il trattamento e il piano di produzione, ora scriviamo come se presentassimo un racconto, inserendo ciò che intendiamo inserire nel video ma senza entrare nello specifico.

Un esempio di concept è quello seguente, scritto con la stesura per un videoclip di una cantante emergente:

CONCEPT

TITOLO DEL BRANO: Una canzone
AUTORE E INTERPRETE: ROSA D'ALISE
GENERE DEL VIDEOCLIP: NARRATIVO – PERFORMATIVO

TEMA DA SVILUPPARE: La capacità di rinascere di ogni individuo grazie alla forza musica.
INTENZIONE DELL'AUTORE/STORIA: Mostrare ai giovani come una ragazza che perde l'amore e

la voglia di ridere, riconquisti la felicità grazie alla musica che ha nel cuore e come questo sia possibile anche per tutti coloro che hanno perduto qualcosa di importante nella vita e non hanno la possibilità di riaverlo.

IDEA: Il brano racconta la storia di una ragazza che si sveglia un giorno e capisce che l'amore della sua vita è finito. Dopo giorni e giorni di sofferenza decide di lasciare tutte le sofferenze dietro di sé e ricominciare, ricominciare a ridere e a cantare. In parallelo viene mostrato come le persone diversamente abili trovano nella musica l'unico mezzo di espressione che permette loro di colmare il vuoto che gli altri lasciano intorno a loro e ritrovare un modo per esprimersi con un mondo che non li vuole capire.

NOTE: Riprese in Istituti di Igiene mentale, in esterna e in studio con chromakey.

Le fasi che sono utili da ricordare durante la stesura dell'idea sono:

_ Definire il genere del videoclip, partendo possibilmente da un buon incipit scritto, affiancato a qualche schizzo

_ Scrivere una sinossi, ovvero un massimo di dieci righe dove si descrive brevemente la nostra idea

_ Trattare in maniera rapida tutta la storia senza però omettere importanti particolari, come location o esigenze caratteristiche, che possano convincere il direttore di produzione o il cliente a convincersi che la nostra idea è originale e di successo.

La creazione di una buona idea e della giusta tipologia saranno essenziali per la fase di trattamento successiva e per la scrittura del soggetto.[5]

---

[5]S. Bertelli, 2006, "Tesi *Il lavoro del regista nella produzione del videoclip*

Dopo aver sviluppato la nostra idea ricordiamoci di indicare in nota eventuali particolari che ci potranno essere utili nella sceneggiatura o nella descrizione di effetti grafici 2d o 3d.

L'animazione e la grafica sono tecniche molto usate nei videoclip per dare sempre più unicità al prodotto ed è quindi bene indicare se vi sono o meno nel progetto.

Scrivere bene, con semplicità e accuratezza è il metodo migliore per avere un'approvazione immediata.

Nella produzione, professionale o meno, dopo lo sviluppo del progetto da consegnare al performer per l'approvazione del suo videoclip, si passa alla scrittura di una sceneggiatura ispirata al brano e ad uno storyboard.

Preciso che le fasi del processo di pre-produzione, in queste pagine, verranno solamente accennate dato che le tratteremo più approfonditamente nei capitoli e paragrafi successivi.

Per prima cosa è importante parlare del trattamento, della sceneggiatura e la descrizione delle prime scene del videoclip.

Nella sceneggiatura vanno scritte tutte le informazioni sulle scene, il tipo e il numero delle location, i costumi di scena, gli oggetti da utilizzare nelle varie scene, macchine di scena o telecamere, le comparse e tutto quello che ci potrà servire.

Dopo questo elemento abbiamo il trattamento dove vanno scritte, oltre alle informazioni base per produrre il videoclip come luoghi e attori, la nostra storia e il susseguirsi

italiano", op. cit. pp. 21-22

degli eventi, in modo da creare il nostro videoclip completo sulla carta. Nel videoclip, solitamente, non vi sono dialoghi, ma viene presentata una storia che racconta, con le immagini, gli avvenimenti e proprio perché non ha dialoghi, deve essere di facile interpretazione da parte del pubblico.

Non esiste una tecnica privilegiata per girare un videoclip, dipende tutto dalle abilità e la creatività del regista, e con gli stessi criteri si deve pesare il metodo di scrittura del regista e il modo in cui espone i suoi pensieri nel soggetto, nella sceneggiatura e nel trattamento.

Successivamente alla stesura di questi documenti si passa allo storyboard e alla scaletta, il cui compito è quello di raccontare in modo cronologico e con le immagini ciò che è scritto nella sceneggiatura.

Con la creazione di questi materiali si passa anche al discorso dell'estetica. Iniziamo cioè a dare un'idea grafica al nostro video, è opportuno dire che l'immagine del videoclip è legata ai colori e non è da escludere che, un abile disegnatore, possa ricostruire su carta l'atmosfera che avremo poi nel girato.

Talvolta è l'immagine fine a se stessa a dare maggiore risalto al video ed è importante curare l'atmosfera per far sì che salti subito all'occhio il nostro lavoro, in modo che un pubblico frettoloso e poco attento si accorga subito di qualcosa di diverso mentre fa zapping tra i canali.[6] La fotografia e la scenografia quindi giocano un ruolo estremamente rilevante.

---

[6] S. Bertelli, 2006, "Tesi *Il lavoro del regista nella produzione del videoclip italiano"*, op. cit. pp. 33-34

Nel momento in cui avremo tutto, o quasi, potremo presentare il materiale al cliente, alla produzione o alla casa discografica, che ha ordinato il lavoro.

Se tutto è approvato si iniziano a pianificare gli acquisti, i noleggi del materiale necessario e i professionisti da chiamare. Se qualcosa non va, capiamo dove sta la pecca e rimediamo immediatamente.

Deve essere tutto pianificato su carta e sempre approvato dal direttore di produzione, ovvero chi rappresenta la produzione dentro e fuori dal set, questo soggetto deve accettare e giustificare le spese con chi finanzia la produzione.

Arrivati a un compromesso, stilistico ed economico, firmeremo il contratto di prestazione e da quel momento saremo incaricati ufficialmente di occuparci delle riprese e di procurarci gli eventuali permessi per girare in particolari luoghi o situazioni.

Per effettuare delle riprese in alcune strade, locali o particolari zone dei comuni occorre infatti avere permessi dalle forze dell'ordine o dal comune ed essere muniti di liberatoria per la privacy, nel caso in cui alcuni passanti vengano ripresi o necessitassimo di comparse improvvisate.

Dobbiamo essere pronti a tutto e avere tutta la documentazione e modulistica necessaria.

Nell'ora e luogo stabiliti ci si ritroverà con il regista, il direttore della fotografia, il direttore di produzione, i truccatori, i macchinisti, gli elettricisti e il personale assunto.

Dopo una breve riunione per capire come procedere nelle riprese, con gli eventuali cambi d'abito e location, si passerà alla produzione. Ma di queste parti ne parleremo meglio nei capitoli successivi.

Per ora ricordiamo che nella fase ideativa e di stesura dei documenti ideativi sul videoclip la chiarezza e la semplicità sono sempre alla base di tutto.

Ma come presentiamo i costi? Semplice con un preventivo, molto dettagliato, utile anche per stilare il successivo budget.

Vediamo un modello di preventivo per una produzione di medio-alto livello:

Preventivo per progetto Videoclip (nome videoclip)

Parte Brain Storming

Ricerca e scrittura Idea e Concept 2h
Scrittura Soggetto 1h
Scrittura Sceneggiatura 3h
Scrittura Trattamento 1h
Stesura Scaletta 1h
Creazione di uno Storyboard 3h

COSTO €25/ora x 11h
Sub. Tot. 275 Euro

Parte Riprese video

Riprese con 2 videocamere HD in studio con chroma-key
illuminatori, stativi e microfoni audio
monitor controllo video e audio
    5.- cameramen
1 regista
preparazione set e prove 2h
registrazione per 240min (4h) con audio

COSTO €100/ora x 6h
Sub. Tot. 600 Euro

Post-produzione Video

Acquisizione (non considerata come calcolo orario), inserimento in timeline, montaggio e rendering delle scene in sequenza 8h
Post produzione – chroma key e color correction + effettistica 2d/3d 8h
Creazione DVD video complesso con menù 2h

COSTO €30/ora x 18h
Sub. Tot. 540 Euro

Queste sono le voci generali di un preventivo, ma possono essere presenti anche voci per pratiche Siae, per Location manager, eventuali altri esperti del settore e così via.

Naturalmente dobbiamo tener conto di tutte le spese che abbiamo per non andare in perdita.

Ora vediamo come scrivere i documenti essenziali al nostro video.

Capitolo 2. Soggetto, sceneggiatura, scaletta e storyboard

2.1 Come si scrive un soggetto

La creazione di un soggetto, del trattamento e di una sceneggiatura sono le prime fasi creative/ideative di un qualsiasi videoclip, momenti tra i più piacevoli ma che nascondono più insidie di ogni altri.

Per iniziare analizziamo la metodologia più corretta per scrivere un soggetto ricordandoci che il videoclip servirà a vendere l'artista e la sua musica e non la nostra storia.

Prima di passare alla stesura del nostro soggetto è bene prendere in mano il concept. Con gli spunti dati da esso iniziamo a scrivere il soggetto che dovrà contenere la trama e lo sviluppo narrativo della nostra storia e dei suoi personaggi.

Il soggetto generalmente non è altro che l'idea spiegata con maggiore accuratezza e solitamente è di una o due pagine, è il riassunto del trattamento.

Un soggetto troppo lungo potrebbe annoiare il produttore e non essere in grado di soddisfarlo, per questo si opta per una forma breve.

Ricordiamoci che in queste fasi propiziatorie la cosa più importante è accontentare il direttore di produzione dandogli da leggere un buon scritto, convincente e diretto.

Il cliente non deve essere assillato con lunghe spiegazioni riguardanti ciò che dovranno trasmettere le immagini e il modo in cui gireremo, ma dobbiamo comunque essere il più completi possibile nel definire le scene che vogliamo girare, magari inserendo in nota le necessità tecniche, anche ai fini di budget, per far sì che ci sia dato tutto il necessario per girarle e non si incappi in spiacevoli richieste aggiuntive.

In fase di produzione e con il trattamento ci potremmo soffermare su pensieri quali le emozioni che dovranno scaturire dalle scene e ragionarci più approfonditamente ma ora è meglio non farlo per non creare confusione al nostro cliente.[7]

Ogni soggetto deve essere, a rigor di logica, strutturalmente diviso in tre parti: antefatto, sviluppo e conclusione, proprio come un film.

Il testo deve avere una scrittura accattivante e curata, tale da tenere inchiodato al tavolino anche il più arduo dei produttori, semplicità e chiarezza di esposizione sono armi vincenti.

Parliamo della forma ora; usiamo il tempo presente indicativo, coniugato sempre alla terza persona e una scrittura visiva più che romanzata, è questo infatti il tempo dell'accadimento.

Tutto ha luogo nel momento stesso in cui si racconta.

La terza persona, invece, offre distacco tra chi scrive e le vicende esposte. Il tutto deve essere piuttosto sobrio.

Punto da ricordare è che nel soggetto si scrive solo la nuda e cruda storia.

Attenzione però a come la scrivete. Mai scrivere battute o figure umoristiche, lasciamole per la sceneggiatura o meglio ancora al trattamento. Un esempio di tempo in cui si scrive è:

`Mario Rossi, stringendo la sua logora valigetta di cuoio, impacciato nel suo`

---

[7] T. St. J. Marner, 2003, *"Grammatica della regia"*, Lupetti editori, pp. 66-67-68

```
cappotto   grigio,   varca   la   soglia   del
Comune.
```

Si deve mostrare, non raccontare. Chi scrive per il videoclip, lavorando con le immagini e la loro manipolazione, deve pensare per immagini. Non si fa narrativa nel soggetto.

Quindi mai scrivere:
```
Mario pensa a sua moglie.
```

Il pensiero non si vede, è un atteggiamento che può servire al personaggio o al cantante per la performance e che al massimo va aggiunto nella sceneggiatura.

Che gli aggettivi siano pochi ed essenziali, utilizzate sempre frasi secche e coincise, molto brevi, quasi lapidarie.[8]

Una parte della **struttura del soggetto** è la formattazione, formattarlo in modo professionale è doveroso.

Il rischio è di venire cestinati in produzione. Lo standard è di circa trenta righe per sessanta battute a pagina.

In *Office Word* quando finite di scrivere il soggetto cliccate su: "File" (nella barra in alto del menù) e scegliete la voce: "Imposta pagina".

Scrivete i seguenti valori:

Margine superiore e margine inferiore: 7 centimetri.

Margine destro e margine sinistro: 4,5 cm e inserite anche i numeri di pagina.

Come Font, ovvero il carattere, consigliato è meglio usare "Courier New", dimensione 9 punti. Un carattere piuttosto adatto per documenti professionali e di facile lettura.

Ed ecco pronto il vostro foglio di lavoro.

---

[8] Elisabetta Manfucci, 2004, Scrittrice e sceneggiatrice di professione, *"Come si scrive un soggetto per il cinema?"*,
<http://www.ilcorto.it/pdf/ComeSiScriveUnSoggetto.pdf>

Cercate di tenere a mente i valori dei margini e non spremetevi troppo le meningi per rientrare nelle righe e nelle battute, sforare di poco non è certo un problema, essere troppo sintetici o prolissi invece si.

Ora parliamo della lunghezza, per regola ogni soggetto non deve superare le dieci cartelle, per cartella si intende pagina, ma questo quando si parla di cinema, di norma per un videoclip due o tre cartelle sono lo standard.

Per aiutarvi a scrivere il soggetto partiamo da ciò che occorre scrivere di sicuro ovvero dove si svolge la storia e il luogo dell'azione, qualunque esso sia, il tempo e i soggetti presenti.

Iniziate poi a mostrare la prima immagine, quindi la seconda, in modo che si amalgamino fino a formare una storia.[9]

Quando scriviamo una scena un'intestazione dobbiamo scriverle in alto, a sinistra e in grassetto.

Creato il soggetto si passa alla sceneggiatura e al trattamento, documenti di cui parleremo poco più avanti, e al contempo all'abbozzo di uno storyboard e una scaletta, ovvero la spiegazione dettagliata di tutti gli eventi, elencati per tempi di esecuzioni.

Ed ora un breve esempio di soggetto per videoclip, ovviamente qui i margini non sono corretti ma il carattere e le righe rientrano nello standard.

---

[9] Elisabetta Manfucci, 2004, Scrittrice e sceneggiatrice di professione, "Come si scrive un soggetto per il cinema?",
<http://www.ilcorto.it/pdf/ComeSiScriveUnSoggetto.pdf>

SOGGETTO

Titolo : Una canzone
Autore-Interprete: Rosa D'Alise
Durata brano: 3 min 20 sec
Genere : Videoclip Narrativo

Trama :
PARTE PERFORMATIVA
In una stanza c'è un pianoforte. Rosa si siede alla tastiera e inizia a suonare e cantare.

Rosa è a letto sotto le coperte e canta.

Rosa è in un attico e canta mentre guarda il panorama.

PARTE NARRATIVA
Rosa è sdraiata in un letto matrimoniale, da un lato c'è lei dall'altro un ragazzo.

Rosa si alza con il lenzuolo e apre l'armadio. Nello specchio dell'anta si vede rosa che cammina per strada.

Rosa cammina per strada, la gente è sfocata e si muove a velocità raddoppiata.
Rosa guarda una vetrina con gli occhi lucidi.

Rosa cammina per strada a mano con un ragazzo, si stacca per andare a vedere una vetrina, quando si gira vede che non c'è nessuno.
Con il capo chino rosa si sdoppia in due. Una metà, con il capo chino va a destra e scopare, l'altra va a sinistra sorridente.

Naturalmente questo è un abstract del soggetto, volutamente accorciato per non occupare troppo spazio nel testo

Dopo questo breve esempio, iniziate a buttare su carta le vostre idee.

Ricordate la formattazione, l'uso di una Font corretta e il metodo, rispettar queste regole è utile per imparare in fretta come presentare un documento professionale e ben costruito.

Ora passiamo a vedere la prossima fase.

2.2 Presentare il trattamento con il progetto completo

Dopo il soggetto e prima della sceneggiatura, ultimo ma non ultimo step della pre-produzione, si deve parlare del trattamento, il più usato e utile dei documenti per spiegare il nostro prodotto.

Generalmente si procede in questo modo: concepire l'idea, creare il soggetto, scrivere una scaletta degli eventi, estrapolare il trattamento, utile per ritrovare nel nostro progetto tutte le informazioni che ci serviranno e infine si stende una sceneggiatura con la descrizione completa delle scene.

La scaletta degli eventi viene ripresa in mano quando si è giunti alla fine della sceneggiatura per creare anche lo storyboard e può essere anche usata per avere una rapida idea di come evolverà il videoclip.

Ottenuti tutti i documenti di cui abbiamo parlato fino ad ora è tempo di presentare il progetto al direttore della produzione e al cliente, nel caso questo due figure non coincidano.

Il primo documento che può richiedere una produzione è il concept, seguito dal il soggetto, un il trattamento e bozza di budget e, nel caso si tratti con una produzione esperta, uno storyboard. Dei primi due abbiamo già parlato, ora parleremo del terzo.

Il trattamento si può intendere come un documento nel quale, oltre alla descrizione specifica delle varie scene, vi è un elenco di tutto ciò di cui il direttore di produzione deve munirsi per girare i ciak.

Dato che non abbiamo parlato abbastanza della scaletta e del trattamento diamo le informazioni necessarie a compilare queste due componenti, fase intermedia tra il soggetto e la sceneggiatura.

La **scaletta** non è altro che una guida delle scene spiegate successivamente in sceneggiatura, un aiuto pratico nella concezione temporale del videoclip, con la facilità di spoglio di un elenco e alcune descrizioni e spiegazioni riguardanti i particolari delle scene.

La scaletta generalmente non è superiore alle due pagine, dipende comunque dal genere di videoclip che abbiamo scelto di fare, un videoclip narrativo richiederà una scaletta più dettagliata di un genere performativo.

Nella scaletta si scrive con il carattere Courier New 10 pt, con allineamento a sinistra e l'inserimento di un elenco numerato che distingue le varie scene.

Nel nostro caso però la scaletta è stata modificata per permettere di spiegare la parte narrativa e quella performativa in parallelo.

Ecco l'esempio della tabella di scaletta:

Scaletta

Brano: Una canzone
Autore-Interprete: Rosa D'Alise

Scene parte narrativa	Scene parte performativa
1- Rosa entra nella stanza e si siede al pianoforte appoggiando uno spartito musicale al leggio.	(le scene performative sono indicate con un n.x perché sono scene che spezzano la storia e che si ripresentano più volte ma non vengono ripetute nella scaletta, solitamente

	si tratta di piano sequenze di rosa che canta. Rosa è quasi sempre circondata da una strana luce-aura bianca mentre canta nei riflessi. Rosa canta sempre nei riflessi e partecipa alla storia come ragazza. È come se sapesse già che accade anche se lo deve ancora vivere.)
2- In un letto matrimoniale rosa e un ragazzo sono coperti dalle lenzuola dandosi le spalle. Rosa si alza da letto.	2.2- Rosa canta il brano mentre suona il pianoforte.
3- Rosa si avvicina all'armadio per vestirsi. Apre l'armadio e si vede uno specchio nel quale non c'è un riflesso ma lei stessa per strada.	
4- Rosa è per la strada mentre tutto intorno a lei corre freneticamente.	4.4- Rosa canta tra le coperte del letto
5- Rosa è vicina ai binari del treno, tutto intorno a lei si muove a rilento	
6- Rosa e il suo ex camminano mano nella mano, lei si stacca	5.5- Rosa canta appoggiata a una ringhiera di un attico

per andare a vedere una vetrina ma quando si gira lui non c'è più	

I numeri stanno ad indicare la scena cui fare riferimento oppure la suddivisione degli eventi in una sorta di capitoli.

Nel caso usassimo i numeri di scena, questo numero di scena deve essere uguale in tutti i documenti in modo da potersi rapportare facilmente tra scaletta, sceneggiatura, trattamento e storyboard.

Abbiamo ora sotto mano la nostra idea schematizzata, cerchiamo di pensare alla scaletta come un riassunto cronologico delle scene che potremo utilizzare anche sul set, per alcuni è un elenco di scene per altri è un riassunto i cui punti possono contenere anche più scene. Dipende tutto dalla chiave di scrittura e lettura che si vuole dare.

Ora non ci resta altro che preparare il trattamento.

Il **trattamento** è una sorta di soggetto più approfondito e particolareggiato. Scava a fondo nel soggetto e come una sceneggiatura, descrive le varie scene ma a differenza di questo documento viene scritto in forma meno visiva.

Nel trattamento possiamo utilizzare gli stessi criteri della struttura di una sceneggiatura ma stavolta approfondiamo le scene anche descrivendo particolari estranei all'atto di ripresa ma che comunque sono essenziale alla messa in scene dei ciak.

In pratica è un piccolo romanzo in cui, per ogni scena, l'autore, ovvero noi, scrive la descrizione dell'ambiente e dei personaggi che in quel momento interagiscono con esso.

In un videoclip generalmente non si superano le dieci cartelle, scritte col carattere Courier o Courier New a 12pt e vanno indicati location, fabbisogno scenico e anche i personaggi e le azioni individuali, in maniera più romanzata. [10]

Facciamo un brevissimo esempio di una scena estrapolata da un trattamento:

......

```
      Scena 1: Un ragazzo entra in scena, uscendo
da  un  negozio  di  dolciumi  camminando  con  aria
affranta.  Mentre  la  camera  lo  segue  lungo  il
marciapiede  in  una  carrellata  il  giovane,  vestito
con   jeans   e   magliettina,   viene   completamente
inzuppato  da  una  macchina  che,  passando  li  vicino,
colpisce  in  pieno  una  pozzanghera.  Il  ragazzo  senza
fare  una  piega,  sospirando  demoralizzato,  riprende
a  camminare  completamente  bagnato.
```

......

Il direttore di produzione deve assolutamente avere la scaletta assieme al trattamento per sapere come occuparsi del reperimento di ogni informazione e risorsa necessaria. In certi casi si occupa addirittura di contattare i tecnici, i direttori della fotografia, i truccatori e di recuperare le comparse e tutto il materiale umano necessario. Dal trattamento si può estrapolare anche un piccolo schema per il budget e iniziare a pensare alle location e i responsabili da contattare per comparse e attrezzature.

Riassumendo, terminati di scrivere tutti i documenti che descrivono il videoclip, nella storia e nelle necessità di materiali, si presentano tutti i documenti nei corretti formati,

---

[10] F. Bicchieri, *"35 millimetri di carta"*
<http://www.ilsalicenarrante.it/archiviorubriche/35mm_08%20-%20La%20scaletta%20e%20il%20trattamento.pdf>

suddivisi in cartelle, per ogni tipo e con i numeri di pagina, al direttore di produzione.

Se tutto va bene la produzione ci darà il consenso scritto a iniziare le riprese e aprirà un tavolo delle trattative per discutere del budget per la produzione del videoclip.

Se invece abbiamo esagerato con l'uso di attrezzature o macchinari, troppo dispendiosi, ci verrà richiesto di moderare il nostro videoclip e forse modificare leggermente la storia.

Una volta che ci saremo occupati delle modifiche e ripresentato il progetto, tutto sarà approvato.

Da questo momento in poi si aprirà uno stretto rapporto tra la regia e la produzione, tutte le spese e la documentazione necessaria per girare dovranno essere discusse e richieste alla produzione che, nel più breve tempo possibile, ci darà tutto ciò di cui necessitiamo o quanto meno i fondi per reperire tutto questo.

Adesso facciamo un mezzo passo indietro all'approvazione del progetto completo e un passo avanti nella pre-produzione. Parliamo di come raccontare visivamente il nostro lavoro, e in quale modo la sceneggiatura può essere uno strumento estremamente complicato a cui poter far riferimento per ogni dubbio o questione.

2.3 La sceneggiatura del videoclip

La realizzazione di un videoclip e della sua sceneggiatura si può basare, oltre che sul tema narrato dal brano, sulla tipologia e costruzione della canzone.

Nel soggetto abbiamo scritto di che cosa vogliamo parlare, e nella sceneggiatura si amplierà il discorso. Si dovrà iniziare da un'apertura, passare a uno svolgimento, spesso legato anche al loop del ritornello, e infine creare una chiusura adeguata, cioè la fine del nostro clip.

Tra i due estremi occorre organizzare la progressione degli eventi dello svolgimento in maniera, il più possibile, ordinata. La progressione del clip sarà costruita in base a una storia, una successione di immagini e situazione parallele o una composizione di effetti grafici montati in sincrono con il suono.[11]

Non è difficile infatti vedere come molti videoclip, nel momento del ritornello, abbiano più o meno sempre una determinata sequenza di immagini, proprio a identificare quel momento di ripetizione.

Esistono varie strutture di sceneggiatura, per essere precisi sono tre. Quella all'italiana, all'americana e quello alla francese .

Nel modello italiano e americano il font obbligatorio è il Courier New a 12 pt. I nomi dei personaggi e le intestazioni delle scene vengono scritti tutti in maiuscolo e i testi in stile regular.

---

[11]"Come fare un Videoclip", 2009, <http://it.kioskea.net/faq/502-come-fare-un-video-clip>

Per il videoclip non si parla mai di testi ma si può sostituire la battuta dell'attore con le frasi del brano, se naturalmente ci può essere d'aiuto per comprendere meglio lo svolgimento della storia.

Nell'intestazione delle scene bisogna scrivere il luogo nel quale la scena è ambientata, se si svolge in esterni all'aria aperta, o in interni cioè in un qualunque ambiente chiuso, e se la scena si svolge alla luce del giorno oppure di notte.

I paragrafi sono tendenzialmente privi di artifici letterari e tendono a descrivere ambienti e azioni in modo chiaro e sintetico.

Il carattere è il Courier New 11 o 12 pt, tra le linee si imposta un'interlinea a 1,5 linee, e si utilizza la tabella o la disposizione del testo per modificare la posizione delle intestazioni, centrali e la descrizione della scena, allineata a sinistra.

Generalmente una pagina del testo scritto corrisponde ad un minuto della proiezione, trattandosi di un videoclip si può decidere si attuare la stessa misura oppure di essere più completi e di dilatare la misura temporale, aumentando le pagine corrispondenti a un minuto a tre, per descrivere meglio ogni cambio di inquadratura.

Lo schema grafico, il cosiddetto layout, ovvero il modo di introdurre e disporre diversi elementi della sceneggiatura, a partire dai dialoghi sino alle transizioni dipendono dal modello che si decide di adottare e dalle necessità del regista.

La grammatica tipica per la sceneggiatura, usata dagli sceneggiatori è il tempo presente e occorre scrivere in modo chiaro e sintetico ciò che si potrà ascoltare e vedere sullo schermo.

Nel primo modello, di **sceneggiatura all'italiana**, il testo è diviso in due parti disposte verticalmente: a sinistra c'è la parte descrittiva del visivo, a destra compaiono i dialoghi dei personaggi, quindi la pagina è come divisa in due colonne. Inoltre si cambia pagina ad ogni cambio scena.[12]

Ecco un esempio:

INT. CAMERA DA LETTO – GIORNO	
ROSA è sdraiata a letto e si muove sotto le lenzuola, le pieghe bianche del lenzuolo mostrano le curve sinuose della ragazza che si muove lentamente nel lato sinistro del letto.	ROSA: ..e ora canto una canzone perché sai..
INT. STUDIO – GIORNO	
ROSA suona al piano, colpita da una luce molto forte alle spalle e con il capo chino sui tasti. I capelli scendono liberi sul collo e il ciuffo sulla fronte gli nasconde l'occhio destro.	ROSA: ..la musica è sempre dentro di me..
EST. STRADA – GIORNO	
ROSA cammina per	

---

[12] T. St. J. Marner, 2003, *"Grammatica della regia"*, Lupetti editori, pp. 47-48

strada con VITTORIA, parlando e sorridendo. Le due entrano in un bar	

La **sceneggiatura all'americana**, che è la più usata, dispone sia le azioni che i dialoghi nella parte centrale del foglio, il visivo ne occupa tutta la larghezza, mentre i dialoghi vengono disposti al centro, incorporati in un margine ridotto.[13] Ecco un esempio:

INT. CAMERA DA LETTO - GIORNO

ROSA è sdraiata a letto e si muove sotto le lenzuola, le pieghe bianche del lenzuolo mostrano le curve sinuose della ragazza che si muove lentamente nel lato sinistro del letto.
 	
                     ROSA
    ..e ora canto una canzone perché sai..

INT. STUDIO - GIORNO

PP ROSA suona al piano, colpita da una luce molto forte alle spalle e con il capo chino sui tasti. I capelli scendono liberi sul collo e il ciuffo sulla fronte gli nasconde l'occhio destro.
 	
                     ROSA
    ..la musica è sempre dentro di me..

EST. STRADA - GIORNO

---

[13] Alessandra Anichini, 2003, *"Testo- scrittura- editoria multimediale"*, Apogeo, pp. 46-47

```
ROSA   cammina   per   strada   con   VITTORIA,
parlando  e  sorridendo.  Le  due  entrano  in  un
bar
```

Il **modello alla francese** invece si sintetizza in una via di mezzo tra gli altri due, disponendo in alto al centro la parte descrittiva e in basso a destra la parte coi dialoghi. È comunque il meno usato dei tre.

La peculiarità della sceneggiatura all'italiana è quella di cambiare pagina ad ogni scena, rendendo lo spoglio della sceneggiatura molto semplice.

Oggi, però, il layout più utilizzato è proprio quello all'americana, che offre una migliore leggibilità e completezza nello spoglio.

Date le condizioni differenti del mercato dell'industria audiovisiva, in vari paesi il formato della sceneggiatura ha una priorità diversa a seconda degli eventuali clienti, per noi andrà bene il modello italiano o americano, l'importante è che sia scritta bene e che i contenuti siano creativi.

Come già detto prima, quando scriviamo una scena per prima cosa occorre inserire l'intestazione, dopo si passa a scrivere la descrizione della scena e ciò che dobbiamo raccontare con le immagini.

Nella sceneggiatura vanno inserite le informazioni riguardanti gli ambienti delle riprese e, nelle diciture, diamo indicazioni sul movimento di camera e i piani di ripresa, descrivendo ciò che viene ripreso.

Se volessimo creare una **sceneggiatura di ferro** potremmo inserire, sempre a sinistra, la descrizione dell'ambiente, il tempo atmosferico e i movimenti della Macchina da presa, MdP.[14]

Vediamo ora come si definiscono con acronimi le varie inquadrature che possono essere inserite nella descrizione della scena:

Dettaglio = inquadratura di un particolare. Una mano, un volante, gli occhi, ecc.

Primissimo piano (PPP) = inquadratura di un volto che riempie lo schermo.

Primo piano (PP) = inquadratura che comprende anche spalle e collo.

Mezza figura/Mezzo busto (MF/MB) = inquadratura tipo mezzobusto in TV.

Piano americano (PA) = inquadratura dalle ginocchia in su (nasce storicamente nei western, perché dovevano far vedere le pistole).

Figura intera (FI) = il soggetto ha i piedi sulla base dello schermo e la testa sull'alto.

Campo medio (CM) = soggetto ripreso da vicino.

Campo lungo (CL) = soggetto ripreso da lontano.

Campo lunghissimo (CLL) = soggetto ripreso all'orizzonte.

Fuori campo (FC)= gli elementi che non sono ripresi dalla camera.

Soggettiva (SOGG.) = veduta della camera come se fosse lo sguardo di un protagonista, può essere anche un'oggettiva se si parla di vista da un oggetto o di SOGG. Di QUINTA quando si piazza la telecamera dietro le spalle di un attore, tecnica usata spesso per le riprese di dialoghi.

Panoramica (PAN)= veduta generale della zone con spostamento regolare verso l'alto, il basso o carrellata da sinistra o destra.

---

[14] Age, 2010, "Scriviamo un film", ilSaggiatore, pp. 52-53

Didascalia (DIDA)= Una didascalia sulla scena
Punto di vista, cinepresa o telecamera (POV) = utilizzata per particolari inquadrature.[15]

Un'inquadratura deve durare il tempo che serve allo spettatore per far in modo che si capisca il suo messaggio, per dare modo di appropriarsi dei particolari più caratteristici, nel videoclip però ci sono moltissimi stacchi e cambi quindi possiamo anche far vedere di sfuggita un dettaglio per poi riproporlo successivamente e dare modo allo spettatore di creare l'immagine nella sua mente e il desiderio di rivederla per carpirne i dettagli.

Proviamo a dare l'esempio della durata delle inquadrature in un videoclip.
CLL: strada deserta, affinchè si riesca a cogliere i particolari serviranno dai 2/4 sec.
CL: stringendo sulla strada e dandone una seconda visione 1/2 sec.
CM: una macchina che si avvicina 2/4 sec. Seconda inquadratura della macchina 1/2 sec.
PA: dalle ginocchia in su un soggetto potrebbero bastare 2/4 sec.
PP: bastano 1/2 sec
PPP: vanno bene anche 1/2 sec.

Naturalmente può essere dilatato o ristretto di alcuni frame, tutto dipende dallo stile del regista e dalla bravura del montatore.

---

[15] T. St. J. Marner, 2003, "*Grammatica della regia*", Lupetti editori, pp. 76-79

Adesso che sappiamo come si scrive, in che modo si inseriscono le informazioni e si impagina una sceneggiatura passiamo alla pratica, utilizzando un programma semi-professionale dalle ampie potenzialità organizzative.

Il software in questione di chiama *CELTX*[16], un programma freeware per la scrittura delle sceneggiature.

Diciamo che non è solo un software per la sceneggiatura, ma qualcosa di molto più completo, un aiuto concreto nella pre-produzione di un opera audio-visiva che sia un videoclip, una commedia teatrale o un film.

Con *CELTX*, potete partire dalla vostra idea, trasformarla in sceneggiatura e, da quest'ultima, tirare fuori lo spoglio delle scene.

Il software è gratuito e scaricabile dal sito ufficiale, per avere i plug-in aggiornati però occorre registrarsi e acquistare i pacchetti dei componenti aggiuntivi, più o meno come avviene per ogni programma di lavoro freeware presente sulla rete.

Analizziamo in concreto il software con un breve tutorial, innanzitutto quando lanciamo il programma, ci si presenterà la maschera iniziale dove decideremo cosa vogliamo fare.

---

[16] < http://www.celtx.com/>

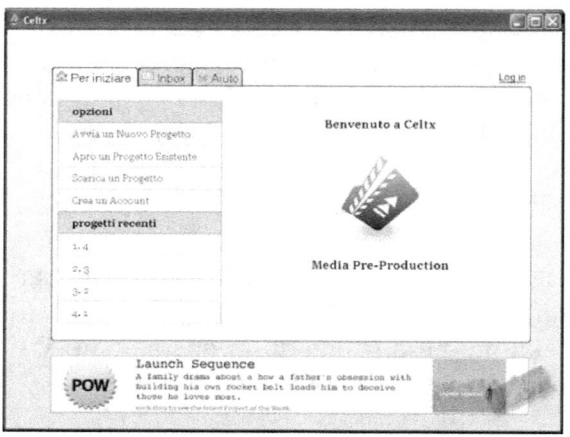

Per adesso occupiamoci solo della voce "Avvia un nuovo Progetto", quindi click sulla voce.

Si aprirà la maschera dove andremo a digitare il nome del progetto e la cartella dove salvarlo, quindi diamo un nome e clicchiamo su OK.

Questa è la maschera che apparirà in seguito.

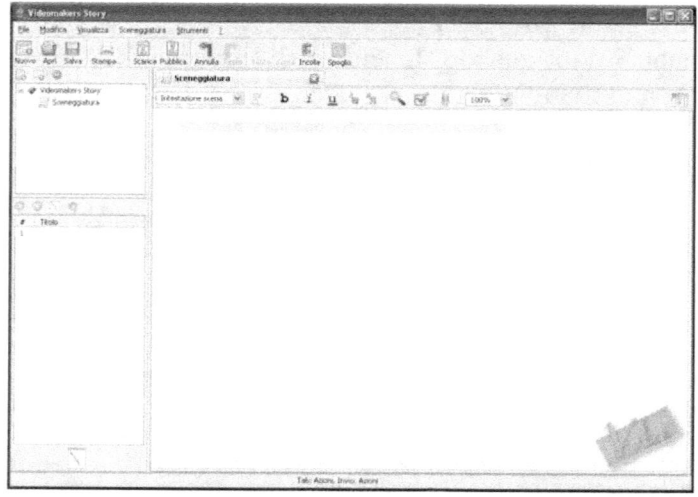

Come potete vedere, la maschera si presenta con tre finestre, la prima in alto a sinistra è la finestra di progetto, quella immediatamente sotto è la finestra che conterrà tutte le nostre scene numerate e l'ultima, la più grande, è quella che conterrà la nostra sceneggiatura.

Questa finestra è strutturata in modo da scrivere nello stile "all'americana" cioè con i personaggi e i dialoghi al centro. La formattazione mentre scrivete è automatica.

In cima alla maschera abbiamo una toolbar, che ci permette di cambiare alcune proprietà del carattere che stiamo usando, ed un combo box, che ci aiuta nella scelta dello stile appropriato, per esempio per l'intestazione, l'azione, il personaggio e tutte le componenti che possono essere presenti nella sceneggiatura.

Vediamo che in una finestra nuova ci viene presentata una riga grigia per la prima intestazione.

Per prima cosa, rinominiamo la scritta "sceneggiatura" con il titolo che vogliamo dare.

Diamo un nuovo nome e clicchiamo ok. Ora andiamo a scrivere qualche scena di un plot. Cominciamo a scrivere l'intestazione della prima scena nella riga grigia.

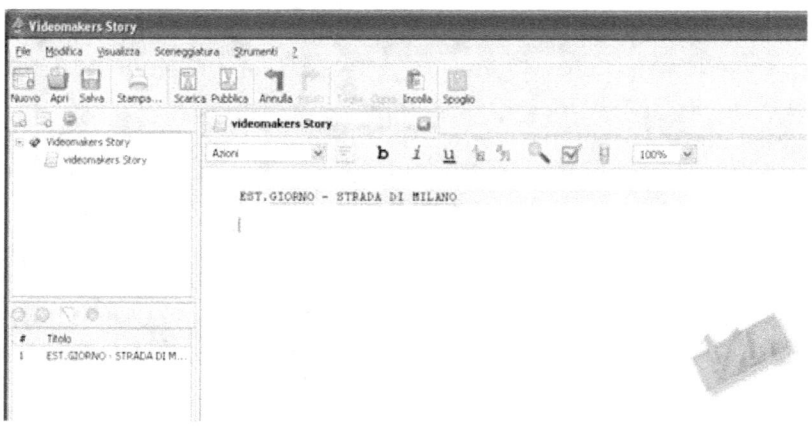

Vediamo che appena, dato l'invio alla fine dell'intestazione, ritroviamo il titolo della nostra scena all'interno della finestra delle scene e che il cursore si posiziona automaticamente alla riga sottostante cambiando in modo automatico lo stile, infatti, se notate, è diventato "Azioni", perché, giustamente, dopo l'intestazione dovrebbe esserci l'azione.

Ovviamente, se noi volessimo, potremmo cambiare lo stile in ogni momento.

Scriviamo a questo punto la nostra prima azione, che prevede due inquadrature diverse e poi concludiamo la prima scena

Per inserire, una nuova scena, basta posizionarsi sulla riga successiva all'ultima scritta e cambiare lo stile in "Intestazione scena", e ricominciare. A questo punto, dando per scontato che abbiamo finito la nostra storia, ci dobbiamo preoccupare di fare lo spoglio, cioè determinare, scena per scena, il necessario. *CELTX* ci viene in aiuto, proviamo allora a cliccare sul pulsante in alto "Spoglio" oppure da "Menu Sceneggiatura - Genera spoglio" e vediamo cosa succede dopo la generazione.

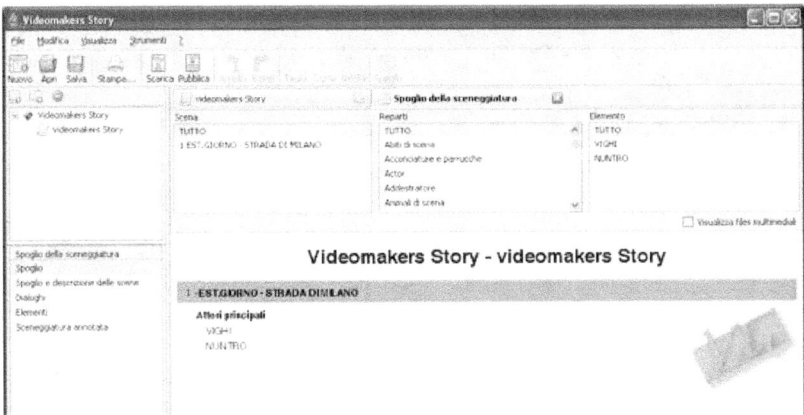

Come possiamo vedere, si è aperta la finestra dello spoglio. In automatico ci ha riportato quali saranno i personaggi della prima scena, ma a noi serve ben altro. Infatti nello spoglio deve essere indicato tutto quello che ci necessita e non solo i personaggi, allora andiamo a creare l'archivio necessario.

Chiudiamo la finestra dello spoglio, torniamo in quella della nostra sceneggiatura ed apriamo la barra laterale destra cliccando sul pulsante in fondo a destra.

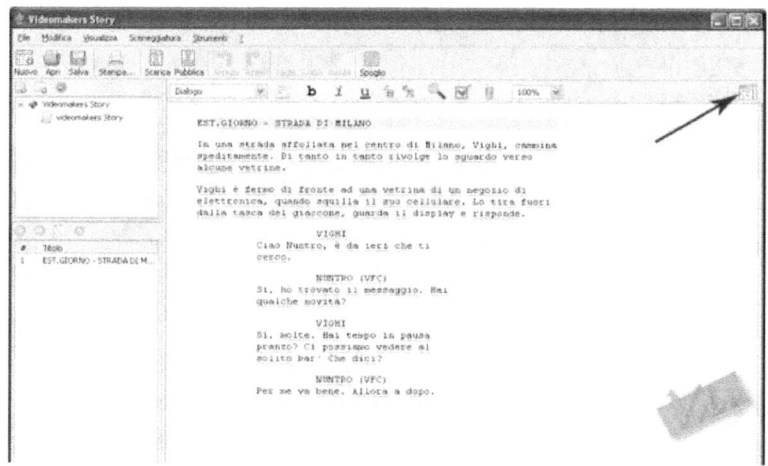

Si aprirà la barra con le categorie di elementi necessari in scena.

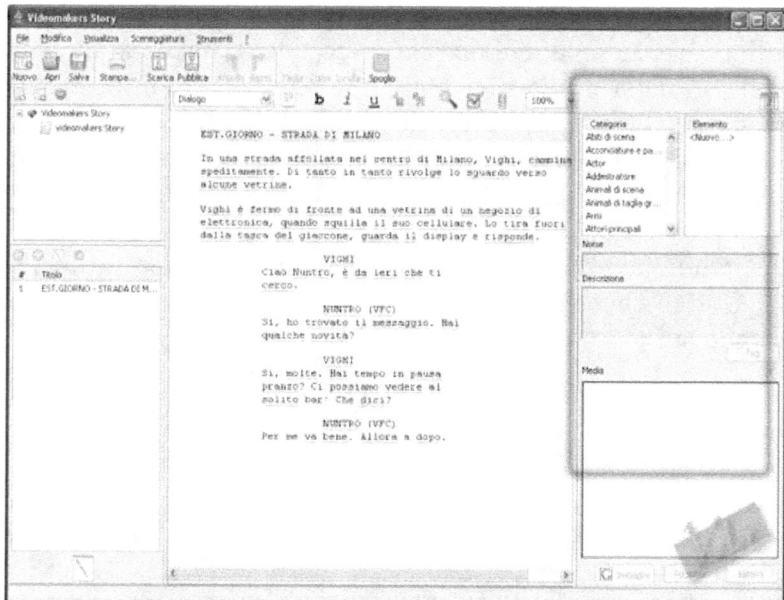

Inseriamo per prima cosa la location relativa alla prima scena, poi premiamo il tasto destro nella finestra di progetto a sinistra e scegliamo "Aggiungi elemento - luogo delle riprese".

Date un nome alla location e si aprirà, così la relativa scheda dove potrete inserire tutte le informazioni che vi servono dall'indirizzo, alla mappa, una foto ecc.

L'elemento è aggiunto automaticamente nella finestra di progetto.

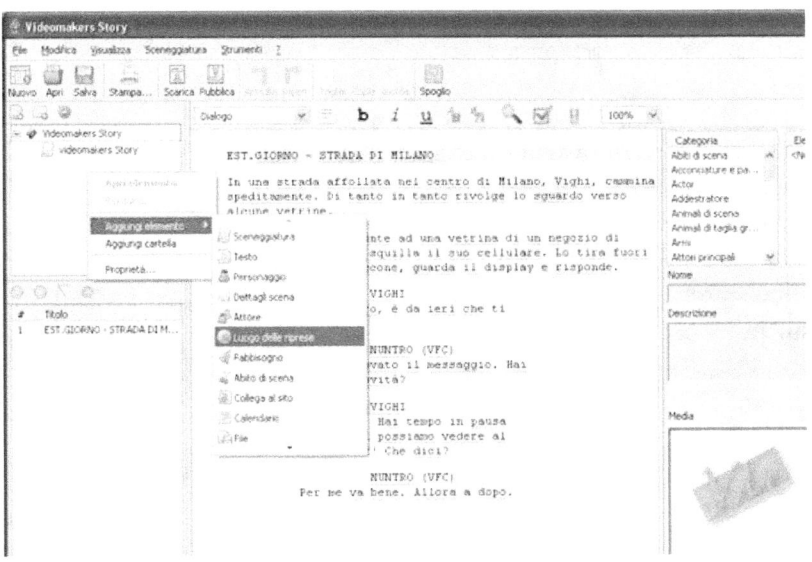

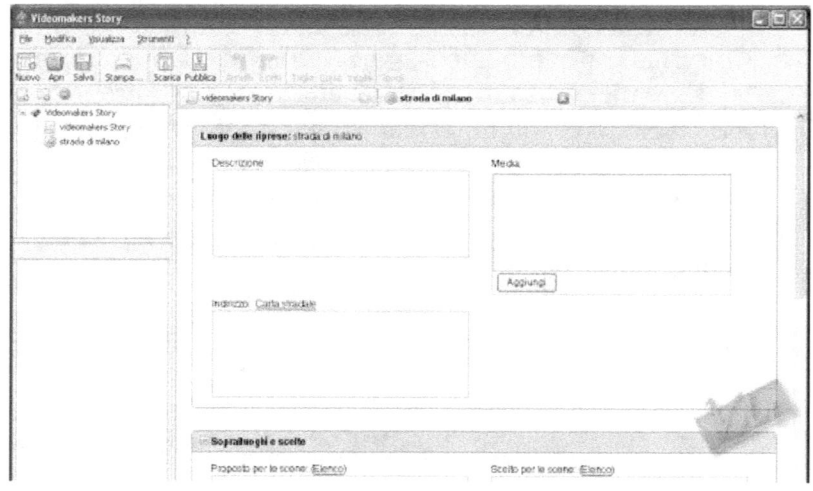

Andiamo ora ad inserire gli oggetti che ci serviranno nella scena, quindi chiudiamo la scheda della location e torniamo alla nostra sceneggiatura. Dobbiamo creare il database dei personaggi, quindi selezioniamo un nome e dalla finestra delle categorie scegliamo "Attori principali" o , clicchiamo su "Nuovo" e vedremo apparire il nome, clicchiamo sul pulsante "Tag" e vedremo che nella nostra sceneggiatura il nome selezionato come "Tag" ha cambiato colore, segno di una associazione ad un elemento del database.

Nel videoclip daremo questa caratteristica solo al nostro performer, gli altri elementi come le comparse e i ballerini potremmo lasciarli con un testo normale, almeno che non abbiamo un ruolo rilevante.

Facendo doppio click sul personaggio potremmo andare a creare la sua scheda personale che completeremo con i dati necessari, ad esempio la motivazione che deve avere un attore o il nostro performer. Potremmo addirittura inserire dati personali e fisionomici del personaggio se lo desiderassimo.

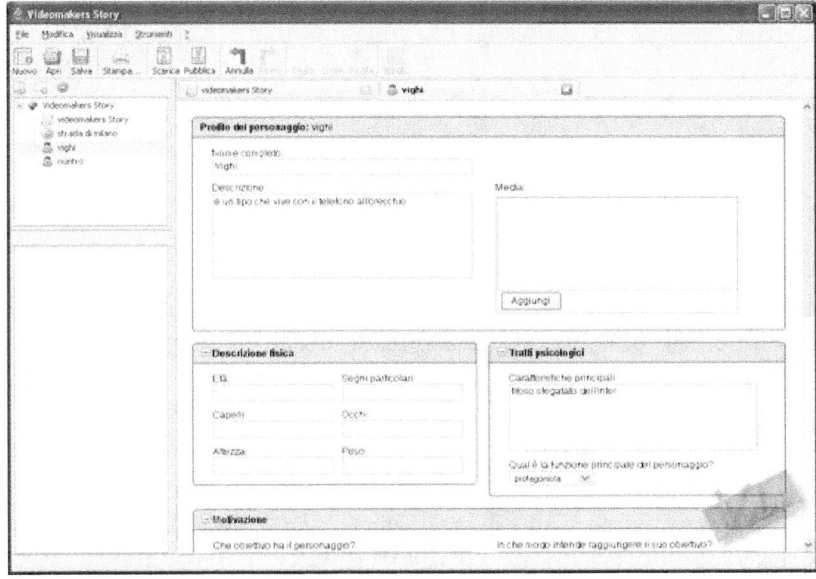

Chiudiamo allora le due schede dei personaggi e torniamo alla nostra sceneggiatura, selezioniamo un oggetto e, seguendo la stessa strada percorsa per creare il personaggio, cerchiamo nella categoria "Fabbisogno", clicchiamo su "Nuovo" e quindi su "Tag".

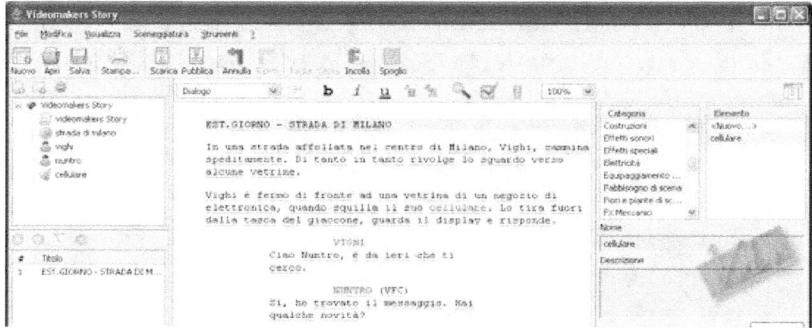

Come vedete, anche l'oggetto ha cambiato colore ed è finito nella finestra di progetto. Andiamo ad ampliare la sua scheda e con questa modalità potrete creare il database di tutti gli elementi che vi serviranno durante la ripresa e anche nel montaggio. Vediamo ora l'utilizzo delle Note in un determinato punto della sceneggiatura.

Le utilizzeremo ad esempio per ricordare al regista che la scena andrebbe girata nell'ora di punta per avere più traffico o in un determinato momento con certe caratteristiche. Con il cursore ci posizioniamo alla fine di una scritta come "In una strada affollata" e clicchiamo sul pulsante giallo "Note" di fianco alla scelta degli stili, si aprirà la finestra di modifica note.

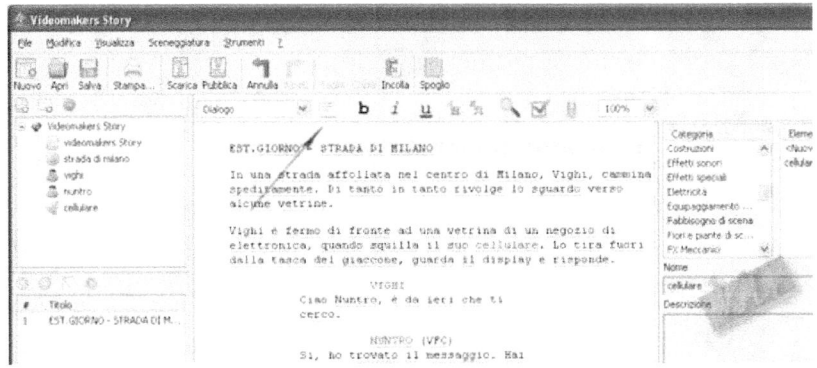

Inseriamo la nostra nota e clicchiamo OK. Vedremo apparire l'icona della nota dove avevamo il cursore. Con un click sull'icona la possiamo leggere e con Edit la possiamo modificare. Questo è quello che vediamo nello spoglio finale è questo:

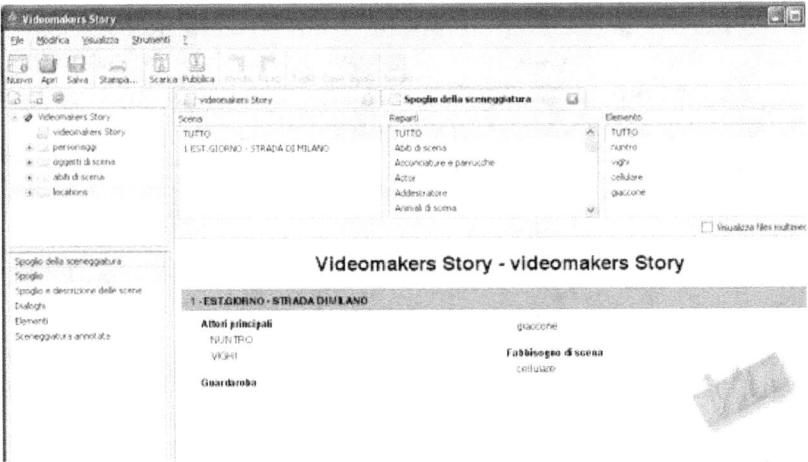

Ora nella prima scena, oltre agli attori principali, ci sono altri elementi come per la categoria Fabbisogno di scena per la categoria Guardaroba.

Non dimenticatevi che questo è un database e pertanto abbiamo possibilità di molteplici scelte.

Nella finestra a sinistra, invece possiamo scegliere se vedere lo spoglio senza o con le descrizioni. Ora sperimentate voi scaricando il programma e iniziando a creare la vostre sceneggiature con il americano, seguite le regole base di formattazione e affiancate le vostre conoscenze all'uso del programma *CELTX* per completare il vostro progetto.[17]

Questo però non è tutto, grazie a questo programma potrete anche realizzare i documenti, essenziali alla pre-produzione che ora andremo a descrivere.

Ricordate che avere il controllo di tutto significa ottimizzare i tempi e ridurre al minimo gli imprevisti durante la produzione, caratteristica che ogni possibile cliente adorerà.

Iniziate quindi a stilare la vostra sceneggiatura, non preoccupatevi di essere troppo freddi nel descrivere le scene dato che, ricordate sempre, dovete scrivere il visivo, cioè ciò che si vedrà nell'inquadratura e non quello che il gruppo o chi per lui prova cantando quella canzone, per queste cose ci sono il soggetto e il trattamento.

Ora vediamo l'ultimo, ma non meno importante, documento utile alle nostre riprese. Lo storyboard.

---

[17] *Franco S., "Software celtx, il n. 1 per la pre-produzione e la sceneggiatura"* < http://www.videomakers.net/>

2.4 Lo storyboard

Lo storyboard potrebbe essere definito da molti registi come sceneggiatura disegnata, oppure visualizzazione di un'idea di regia.

Si tratta di una serie di disegni, a volte diverse decine, se non centinaia, intenti a raccontare con le illustrazioni, inquadratura per inquadratura, ciò che verrà girato sul set.

In genere sotto i disegni vengono indicati i movimenti della macchina da presa, ad esempio: panoramica a destra, oppure carrellata in avanti; questi movimenti vengono poi indicati da diversi tipi di frecce che indicano il cambio di inquadratura o lo spostamento di camera.

Inoltre, con altre frecce, poste all'interno dell'inquadratura, si indicano i movimenti dei personaggi e degli oggetti.

Nel caso lavorassimo con macchine da presa professionali ad ottiche fisse dovremo descrivere anche il tipo di obiettivo che si intende usare, la luce o l'atmosfera che si vuole avere. Un 15mm (modi fisheye) è totalmente diverso da un 35mm (standard visivo cinematografico insieme ai 50mm).

Lo **storyboard** è utile nella preparazione degli spot pubblicitari e dei videoclip perché avendo a disposizione un breve periodo di tempo per presentare il prodotto, la sequenza di immagini è di rapida realizzazione, almeno che non si parli di grafici professionisti, disegnatori veri e propri, intenti a rappresentare con estrema precisione le scene.

Nel caso in cui lo storyboard sia il nostro elemento guida dovremo essere il più possibile precisi nei disegni e calcolare ogni singola inquadratura come un disegno tecnico.

Questo strumento viene usato anche per facilitare la rappresentazione di effetti speciali e stupire in fase di elaborazione del clip il nostro direttore di produzione.

È ovvio che, attraverso un disegno, è molto più facile per un regista spiegare al tecnico degli effetti visivi qual è l'immagine che si dovrà vedere nel film.

Questo senza dispendio di tempo e soldi per spiegare l'effetto, creando un concept visivo.

Immaginatevi di dover spiegare come esplode una cisterna e mostrare gli effetti che ha sugli oggetti circostanti.

Creare un effetto del genere sul set è assai costoso e generalmente la scena si gira una sola volta dopo giorni di preparativi, con il disegno possiamo farlo in pochi minuti, fare diverse prove e non spendere un soldo.

In molti casi il disegno è anche più utile della grafica computerizzata.

Lo storyboard può servire, se il set è piccolo, per trovare le inquadrature migliori, cosa che capita molto spesso quando si gira un videoclip performativo, molte volte girato in piccoli studi di registrazione.

Contraddicendo la normale prassi può accadere che, a causa di tempi stretti, non si riesca a presentare una scaletta e una sceneggiatura adeguatamente dettagliate e in questi casi si risolve presentando in primis uno storyboard, il più completo possibile, che faccia comunque comprendere alla produzione quale sarà il prodotto che andremo a realizzare.

Esistono diversi modelli di storyboard, da quelli standard a quelli personalizzati.

La sua funzione principale rimane comunque quella di aiutare il regista a trovare il modo migliore per visualizzare il videoclip.[18]

Ecco alcuni modelli, tratti dal web, che si possono usare nella creazione di uno storyboard:

In questo primo modello, tratto dal film *The Mist "When darkness came"* di *Constantine Nasr*, vediamo la struttura base della rappresentazione di una breve scena.
In questa scena un millepiedi gigante entra da una vetrina frantumata.

Nel modello vediamo: in alto al centro il titolo del film, in alto a destra il numero della scena, al centro gli spazi in cui è stata disegnata l'immagine, a sinistra a fianco di ogni disegno una linea di continuità che mostra anche la presenza di un suono o rumore, mentre a destra vi è la spiegazione della scena.
Interessante notare come sono state usate le frecce bianche per indicare lo spostamento del millepiedi, che sembra proprio muoversi da un disegno all'altro.

---

[18] B. Long, S. Schenk, 2005, *"Video digitale Il manuale"*, 2a ed. Milano, Apogeo pp. 67-70

Il modello successivo invece è molto più curato.

In alto ha le diciture che permettono di inserire, oltre al nome del progetto, il nome del regista, la data, il creatore dello storyboard, il numero della pagina e a lato delle scene il numero dell'inquadratura, la descrizione della scena e anche la location.

Modello molto utile per il nostro lavoro.

Project:	Date:
Director:	Storyboards:
1st A.D.:	U.P.M.:
	Page: ___ / ___

	Scene Shot #
	Location

	Scene Shot #
	Location

	Scene Shot #
	Location

Ora vediamo gli ultimi due modelli, che sono i più interessanti per noi e per il nostro videoclip.

Quelli sottostanti sono i modelli che hanno la più facile fruizione e la maggior possibilità di personalizzazione. Come si vede abbiamo i riquadri, in cui disegnare le inquadrature, molto vicini e numerosi, il che ci permette si risparmiare pagine, un cerchio in alto a sinistra in cui inserire il numero della scena e una serie di linee orizzontali, sotto ogni riquadro, pronte ad ospitare le nostre informazioni, che siano di genere tecnico o descrittivo.

Questi modelli sono i più facili da usare ma anche i più utili per rappresentare un videoclip e il suo svolgimento.

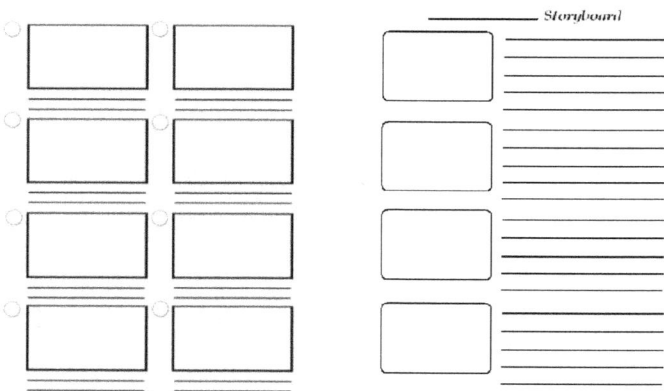

Alcuni disegnano solo le immagini più importanti e rappresentative della storia, altri invece, minuziosamente, raffigurano le singole inquadrature, commentandole anche dal punto di vista tecnico, scrivendo vicino alla rappresentazione visiva consigli utili alla regia e a tutti gli altri collaboratori.

Quindi lo storyboard è uno strumento molto valido in quanto permette di fissare con le immagini, ciò che la sceneggiatura descrive con le parole.

Molti pensano che sia difficile disegnare e raccontare con le immagini, perciò non lo fanno.

Non bisogna essere dei maestri del disegno per fare uno storyboard, bastano anche pochi tratti per vedere come sarà la scena.

Vediamo ora dei modelli di storyboard professionali; il primo è quello di **Leonardo D'Arcangelis** per il suo corto **"N.A.C."**

Nell'immagine vediamo rappresentata una scena in cui dei ragazzi salgono su una macchina e si avviano per la loro strada, tramite queste immagini possiamo anche intuire la fotografia della scena e l'inquadratura.

---

[19] Immagini tratte dal sito http://www.ilcorto.it/ilCorto/Storyboard.htm

Di seguito un altro esempio di storyboard non commentato ma molto curato, uno spot della bevanda Coca Cola™, benché non sia un videoclip, le modalità di creazione di uno storyboard sono più o meno le stesse per ogni forma di audiovisivo.

[20] Immagini tratte dal sito http://www.rosanas.com/new/images/Coca-Cola%20Storyboard.JPG

Ora non ci resta che munirci di pazienza, stampare il nostro modello, o crearne uno su misura per noi, e iniziare a disegnare da soli o con l'aiuto di qualcuno più in gamba di noi, per rappresentare le scene, le inquadrature e gli spostamenti di macchina del nostro videoclip.

Sta sempre a noi decidere se descriverle, commentarle o lasciare che le immagini parlino da sole.

Capitolo 3. La pre-produzione e la scelta delle attrezzature

3.1 Il piano di produzione

Prima di parlare con il cantante e la troupe dobbiamo preoccuparci di preparare un piano di produzione che andrà poi compilato e rispettato nel corso delle riprese con scadenza giornaliera.

Il primo passaggio per la creazione di un piano di produzione è eseguire lo spoglio della sceneggiatura, cioè suddividere le risorse necessarie alla sua realizzazione in termini di cast, troupe, location, accessori di scena e tutte le altre risorse.

Il piano di produzione consiste in un grafico basato su ascisse e ordinate, e in un elenco che fornisca tutti i dati necessari alle riprese giornaliere, dal fabbisogno tecnico al numero di ciak previsti.

Il documento deve essere allegato ad una scaletta delle riprese e, per ogni scena, indicare la location, le attrezzature necessarie alle riprese, i costumi di scena e le possibili comparse.

Tutto deve essere scritto in modo da non dimenticare nulla e non ritrovarsi sul set a perdere tempo nel tentativo di rimediare a una mancanza.

PIANO DI LAVORAZIONE DEL FILM

			GIORNO LAV.	1	2	3	4	5	6	7	8	9	10	11	12
			MESE												
			N° DATA												
			GIORNO SETTIMANA												
			INTERNO-ESTERNO												

PRODUZIONE — LOCALITÀ

REGISTA / OPERATORE / DIRETTORE FOTOGRAFIA / DIRETTORE PRODUZIONE / SCENOGRAFO — AMBIENTI

TEATRE-LOCATION — ILLUMINAZ. | G.N.

DATA		TOTALE GIORNI	INTERPRETI	PERSONAGGI	N. IO	N° Pose											
INIZIO	FINE																
					1												
					2												
					3												
					4												
					5												
					6												
					7												
					8												
					9												
					10												
					11												
					12												
					13												
					14												
					15												
					16												
					17												
					18												

NOTE			GENERICI													
			COMPARSE													
			CONTROFIGURE													
			STUNTMAN													
			ALRI RUOLI													
			ANIMALI													
MEZZI E VEICOLI			ALTRE RISORSE													
				COPIONE												

Per compilare il piano di produzione occorre interpellare anche il cantante, il gruppo, il location service e uno studio meteorologico, se necessitiamo di una particolare condizione atmosferica e non vogliamo avere sorprese.

Se tutto fila possiamo preoccuparci di creare un piano di lavorazione giornaliero, ovvero una tabella che servirà ad annotare ogni cosa che avviene durante il giorno delle riprese.

Questa tabella ha un modello prestabilito ma può essere anche adattata alle proprie esigenze lavorative, quindi è molto duttile.

In genere si utilizzano modelli prestampati disponibili presso tipografie o ditte specializzate in modulistica per il cinema, ciascun modulo corrisponde ad una giornata di lavorazione.

Ciò consente di eseguire le eventuali variazioni delle date di lavorazione, gli spostamenti o le combinazioni ritenute più favorevoli senza dover, di volta in volta, riscrivere l'intero piano.[21]

Si può ottenere lo stesso risultato ricreando uno schema su di un foglio di calcolo con programmi tipo *Microsoft Excel* in grado di rendere possibile, grazie alle loro funzionalità, l'apporto di correzioni e variazioni senza grosse difficoltà in corso d'opera.

Le voci che devono comparire nel piano sono:

-Inizio e fine riprese, indicando il giorno di lavorazione, il mese e gli orari.

-Il numero di ogni scena o ciak, in modo da avere un supporto da consultare a fine giornata per avere un riepilogo generale delle riprese effettuate e quelle mancanti.

-La location, le risorse e i materiali utilizzati per le riprese.

-Una lista delle comparse o degli attori che partecipano al videoclip.

---

[21] B. Long, S. Schenk, 2005, *"Video digitale Il manuale"*, 2a ed. Milano, Apogeo pp. 17-19

-Se necessario i nomi dello staff e dei mezzi utilizzati per le riprese.

Per concludere inseriamo una voce di note e informazioni generali per poter aggiungere sempre qualcosa di imprevisto in corso d'opera.

Mentre prepariamo questo modello procuriamoci anche un modello per il timecode, ovvero una tabella divisa in quattro colonne e con un numero variabile di righe.

Nella colonna a sinistra scriveremo il nome e numero della scena girata, in quella successiva il timecode di inizio riprese, ad esempio 00h 00m 10s, nella terza colonna il TM di fine scena 00h 05m 32s, e nell'ultima colonna scriviamo OK se la scena può essere buona oppure NO se la scena è da eliminare. Questo documento ci può velocizzare molto il tempo di riversaggio del materiale su computer e di montaggio.

Inserite quindi tutti i vostri dati, munitivi di foglio elettronico e spuntare tutte le voci elencate nel piano di produzione.

Ingaggiate una persona che segua le modifiche del piano di produzione, come una segretaria di produzione e assicuratevi di non dimenticare mai nulla. Una piccola dimenticanza può pregiudicare ore di lavoro.

Adesso siete pronti per parlare del budget del vostro videoclip.

3.2 Il Budget

Quando si parla di pre-produzione non si può evitare di parlare del processo di budgeting, ovvero di tutte quelle fasi, importantissime, per reperire i fondi necessari alla realizzazione del videoclip e successivamente impiegarli nel modo prestabilito.

I processi per il suo avvio nascono durante lo sviluppo del progetto, sin da quando scriviamo la sceneggiatura infatti inseriamo all'interno del nostro videoclip materiali e risorse che avranno un costo di acquisto o di noleggio. Oltre a queste spese, dettate dal fabbisogno del regista per girare il videoclip, si aggiungono poi altri costi sinteticamente suddivisi in quattro aree:

Talento creativo - Troupe: tutte le spese per il cast tecnico, dal direttore della fotografia, al cameraman, al semplice elettricista e il cast artistico cioè i ballerini, i musicisti e le comparse.

Produzione diretta: i costi sostenuti per la costruzione del set o il suo affitto, le spese del materiale necessario alla lavorazione del videoclip dall'acquisto-noleggio della telecamera, dei macchinari e di tutte le attrezzature per le riprese.

Post-produzione: il costo per le fasi di questo processo sono preventivati dall'utilizzo di particolari software e il lavoro umano del montatore e degli esperti di suoni, immagine ed effetti grafici.

Settori vari: tutto ciò che riguarda il completamento delle obbligazioni, la distribuzione, il marketing e la pubblicità.

Il budget si stabilisce in base a tutte queste necessità, ma a volte abbiamo anche dei limiti di spesa, classifichiamo ora le tipologie di budget:

Low budget: quando si tratta di una produzione in proprio e i fondi non sono molti si parla di produzione low budget, ovvero quando la telecamera, le attrezzature e anche i nostri aiutanti, sono recuperate a bassi costi o addirittura con il volontariato. Oltre in questo caso vi è un momento in cui la produzione non ha molti soldi da destinare al nostro videoclip e punta al risparmio cercando di reperire materiali e attrezzature tramite partnership e sponsorizzazioni.

Generalmente il low budget arriva difficilmente ai 1.000 euro.

Medium budget: se si parla di un budget di spesa normale, cioè che arriva anche a 2.000 o 3.000 euro, per un videoclip girato con attrezzature professionali, si può pensare anche di girare con macchine da presa ad alta definizione Full HD e prendere uno o due esperti che si occupino della fotografia e del montaggio per l'alta definizione con software e hardware preposti. In questi primi due casi è opportuno che il regista sia in grado di seguire tutte le fasi della produzione, così da ridurre i costi per ingaggiare gli esperti.

High budget: quando abbiamo un budget molto alto, e si parla anche di 10.000 euro, non abbiamo molti problemi nel decidere di ingaggiare tecnici professionisti e noleggiare attrezzature professionali. Potremmo avere molte comparse e un vasto staff che collabori nella creazione del video. Inoltre potremo usufruire di uno studio di grafica computerizzata per effettuare riprese per compositing.[22]

---

[22] R. Koster, 2004, *"The budget book for film and television"*, Elsevier Ed., Pp. 90-98

In Italia la cultura del videoclip rende difficile tali finanziamenti e generalmente ci si deve arrangiare con le proprie conoscenze e puntare al risparmio. La logica internazionale invece, come quella americana, stanzia anche grandi capitali per il videoclip, che in molti casi viene visto come un vero e proprio metodo di vendita del disco e promozione dell'artista, tanto da permettersi l'ingaggio di troupe cinematografiche con macchine da presa pronte a girare in pellicola.

Il budget è deciso dalla produzione in base alle richieste del regista e, una volta stilato, va sempre rispettato in ogni sua parte per non rischiare di sforare e incorrere in problemi finanziari.

Il rapporto tra regia e produzione in questa fase è molto delicato, occorre redigere un piano dei costi che sia il più dettagliato possibile. Anche le spese dell'alloggio e del catering, se il videoclip si svolge in scenari particolari, deve essere compilato professionalmente e quasi con la stessa cura e precisione di un'agenzia di viaggi.

È ovvio però che alcune spese possono essere tamponate con i soliti canali di partnership e sponsorizzazione.

Se per esempio assumessimo un tecnico delle luci titolare di un'attività o uno studio fotografico, potremmo proporgli di lavorare per noi con un compenso ristretto e dando in cambio la possibilità di inserire il proprio marchio nel materiale promozionale o di vendita del videoclip e di promuovere la sua attività in ogni evento dell'artista fino a un massimo di dieci concerti. Ovviamente il numero degli eventi in cui il nome dell'attività è presente è proporzionale al livello di prestazione ricevuto.

Facendo in questo modo si può ottenere una diminuzione delle spese per quanto riguarda attrezzature di scena, noleggio di macchinari, uso di locali notturni come location e anche presenza di corpi di ballo, prelevati da scuole.

Una sponsorizzazione gratuita diventa un vero e proprio scambio di servizi utili sia alla produzione che a chi presta il servizio.

Alla **stesura del budget** generalmente se ne occupa la produzione, affiancata però dal regista o dall'autore dell'idea. I punti che dovranno essere indicati saranno: la spesa del videoclip, i vari settori di spesa e la cifra destinata a quel settore, le possibilità di autofinanziamento tramite sponsor e le possibilità di partnership con altre produzioni o attività esterne all'ambiente televisivo. [23]

Oltre alle macro categorie nominate in precedenza è utile per il regista sapere che ci potranno essere anche delle **voci di bilancio** come:

- Utilizzo o cessione di diritti: il diritto di produrre un videoclip generalmente si ha sempre per scontato quando il produttore del brano partecipa alla creazione del videoclip ma può anche non essere così scontato che l'idea dell'autore per il videoclip venga "venduta" gratuitamente per le riprese e quindi occorre parlare di mandato di esclusività per quanto riguarda i diritti di utilizzazione del brano per il videoclip di cover e simili.

[23] S. Bertelli, 2006, "Tesi *Il lavoro del regista nella produzione del videoclip italiano*", Università degli Studi di Ferrara, Corso "Tecnologo della comunicazione", pp. 16-18

- Sceneggiatori e adattatori: non sempre un autore scrive nel modo corretto una sceneggiatura. Quando questo accade la produzione deve pagare dei correttori di bozze o degli scrittori che, abitualmente, scrivono sceneggiature per rendere il soggetto dell'autore adatto alle riprese e alla lettura da parte di tecnici e registi.

- Produttori: i produttori e chi li rappresenta sul set sono spesso ben pagati per il loro lavoro e a volte, oltre a pretendere un'ovvia percentuale sulle vendite, richiedono anche di essere pagati per la gestione delle pratiche e dei rapporti di organizzazione per l'attuazione della produzione.

Consci delle spese e di ciò che ci occorre, possiamo anche decidere di eliminare alcune cose dalla lista del budget, per ridurre i costi o spostare le spese su qualcosa di più importante.

Alcuni dei costi maggiori di solito sono dovuti a scene notturne che richiedono potenti impianti di illuminazione.

Si può evitare di girare in location famose o aree commerciali che richiedono permessi e procedimenti particolarmente costosi e sempre per la stessa ragione evitare scene d'azione rumorose o particolarmente eclatanti di domenica mattina, momento in cui è dura avere consensi di ripresa gratuita.

Fermare il traffico o il passaggio di persone è assai difficoltoso e a volte richiede anche l'intervento delle forze dell'ordine e della sicurezza. Queste e altre situazioni vanno ben valutare in fase di scrittura del video e, nel caso fosse possibile, sostituite con altre o con ambienti in grafica computerizzata

Un esempio della stesura di un piano di, low, budget è il seguente:

Il regista Riccardo Badolato nel ruolo di produttore del videoclip "Una Canzone" di proprietà dell'artista Rosa D'Alise, dopo aver contattato e aver creato un rapporto di collaborazione, GRATUITA, con una troupe di riprese composta da: Matteo Bevilacqua - Cameraman, Matteo Mangherini - Fotografo, Riccardo Deserti - Effetti speciali, Uriele Russo - Cameraman, approva le seguenti spese per la produzione del sopracitato videoclip.

- Acquisto cassette DV per riprese in Alta Definizione € 50
- Noleggio macchine da ripresa in HD e cavalletto €500
- Noleggio materiale per illuminazione e fotografia a titolo gratuito (€250 ammortizzati)
- Ingaggio costumista €250
- Ingaggio comparse a titolo gratuito per le riprese effettuate in strada
- Spese varie per documentazione € 50

Costo previsto per il videoclip: € 1.100

Questo è un modello molto semplice, in quelli più dettagliati si possono inserire le ore di ripresa, l'impiego di ballerini, comparse, istruttori i ballo, stuntman, visual effects, ecc. Come se prendessimo un preventivo e lo stilassimo inserendo al posto delle varie fasi lavorative le professionalità e le strutture-esigenze tecniche che ci occorreranno.

3.3 Studi di marketing sul target

Regia e produzione stringono un rapporto sempre più simbiotico nelle fasi di studio preventivo di costi e del marketing. Nel paragrafo precedente abbiamo visto un elemento molto importante per la programmazione dei costi, ovvero il budget.

Ora vediamo che studi occorre effettuare e quali ricerche attuare, per definire il pubblico su cui puntare la nostra successiva campagna promozionale, questo "pubblico ideale" si chiama **target** e viene definito in primis durante la nascita del brano, l'autore infatti avrà creato un pezzo adatto ad essere ascoltato e acquistato più facilmente da una certa fascia di pubblico.

Questa analisi preventiva viene poi vagliata durante la stesura del soggetto e della sceneggiatura. Infine si passa a uno studio specifico per puntare la promozione e le vendite sul pubblico giusto.

Target significa bersaglio, è un termine che è utilizzato in economia per indicare un risultato di tipo economico e noi lo utilizziamo per darci un obiettivo da raggiungere, cioè un particolare segmento di clientela.

Definiamo il target, ad esempio, attraverso il risultato ottenuto dalle risposte a una campagna di marketing effettuate sui maggiori fruitori dei canali tv come MTV e i compratori di dvd dei concerti e videoclip.

Per fare ciò si possono richiedere tabulati di share inerenti a questo genere di visualizzazioni contattando un istituto di statistiche e incaricandoli di recuperare i grafici che ci interessano.[24]

Si può anche effettuare uno studio preventivo, tramite l'analisi della vendita di un prodotto analogo al nostro, per verificare se il target iniziale potrà essere rispettato o meno, e in che misura ci dovremmo aspettare degli scostamenti dai dati ottenuti. Gli scarti di dati possono essere l'aumento o la diminuzione dell'età dei compratori e gli interessi di chi compra l'album.

Sapere queste cose ci aiuta a correggere eventuali processi di promozione o distribuzione sbagliati.

Per effettuare una buona analisi del target è utile avvalersi di uno studio esperto di diritto commerciale e di marketing. Non addentriamoci in ambiti che non sono i nostri, a ciascuno la sua competenza.

Un metodo, per coloro che non si intendono di strategie di marketing, per riuscire a capire quale possa essere il proprio obiettivo per le vendite, può essere stabilito analizzando ciò che vogliamo comunicare nel videoclip e, per chi o per quale scopo, creiamo questo messaggio.

L'insieme delle persone che potrebbero essere interessate al nostro prodotto quindi diverranno il nostro pubblico.

Per avere il successo che merita, dunque, una campagna deve essere indirizzata al giusto pubblico.

---

[24] P. Peverini, 2004, *"Il videoclip strategie e figure di una forma breve"*, Meltemi Editore, Roma, pp.67-71

Da una parte è necessario definire tutte le caratteristiche del potenziale cliente, dall'altra stabilire con quali mezzi raggiungerlo.

Le variabili che bisogna considerare quando "costruiamo un target" sono di due tipi: Demografiche e Psicografiche.

Variabili demografiche sono quelle che distinguono un gruppo di individui in base all'età, al sesso, alla città o al paese in cui vivono, al livello scolastico raggiunto, ecc.

Quelle **psicografiche** invece riguardano i dati inerenti al target in questione: gli interessi, i gusti, le preferenze di musica, i canali tv preferiti, ecc.

La combinazione di questi elementi consente di ottenere un identikit completo del nostro potenziale cliente e di conseguenza ci permette di confezionare per lui il messaggio più adatto e di inserire il prodotto nei canali giusti per la distribuzione.

A dettare quest'ultima scelta non dovrebbe essere esclusivamente il fattore economico riferito al nostro budget, ma anche e soprattutto le caratteristiche del mezzo attraverso cui veicolare, in modo utile e ottimale, la nostra comunicazione, sia essa via internet, tramite tv, giornali o associazioni e fondazioni.

Parlando di un portale web ad esempio, dovremo riferirci a blog e a siti web con molti visitatori, più grande è il bacino, più possono essere gli interessati.

Analizzando invece un servizio di abbonamento, riguardante riviste giovanili e attinenti al mondo della musica e quello dei ragazzi, è sempre meglio scegliere quelle i cui destinatari e i loro relativi profili siano consultabili e verificabili.

Se ad esempio una rivista di musica rock ha la maggior parte di abbonati di età compresa tra i 15 e i 20 anni, i cui interessi sono riferiti in gran parte a concerti rock del loro territorio, sarebbe opportuno attuare una campagna di promozione preventiva collocando degli elementi pubblicitari in quegli eventi o addirittura prevedere una presenza del performer in uno di quei concerti, in veste di ospite o collaboratore musicale.

Tutte queste informazioni possono essere rintracciate sia presso gli stessi gestori di questi strumenti, sia, molto banalmente, attraverso un'attenta analisi dei contenuti e dei servizi che questi prodotti editoriali online mettono a disposizione degli utenti.[25]

Avere rapporti con agenzie pubblicitarie innovative ci può essere di grande aiuto nella fase di marketing.

---

[25] Web Marketing Staff, *"Il target e gli spazi pubblicitari"*, <http://webmarketing.html.it/guide/lezione/1635/il-target-e-gli-spazi-pubblicitari/>

3.4 Gli elementi della troupe

La troupe presente sul set del videoclip è l'organico che si occuperà di seguire fino in fonda i processi di ripresa e realizzazione del video. Questo staff può essere formato da poche persone, come da molti elementi.

Naturalmente dobbiamo decidere noi, in veste di registi, quante persona ci occorrano per girare il nostro videoclip.

I ruoli principali e le relative figure che devono essere presenti sul set sono:

Il regista, ovvero la nostra persona, è il principale autore del videoclip ed ha la responsabilità artistica e tecnica della sua buona riuscita.

Al regista spetta il coordinamento del lavoro dei principali collaboratori: lo scenografo, il direttore della fotografia, il performer, gli attori o le comparse, il corpo di ballo, gli sceneggiatori, l'aiuto regista, il montatore, la segretaria di edizione, i macchinisti. In pratica è lui che segue tutte le fasi di produzione e post produzione affiancando i vari esperti.

A lui spetta decidere la recitazione del performer e delle altre persone riprese, le posizioni della macchina da presa, le inquadrature e i movimenti della telecamera.

Il consiglio che vi do è di documentarvi molto sui videoclip e carpire, tramite soprattutto il web, i nomi degli elementi più validi che potreste contattare per il vostro lavoro.

Avere amici che si dilettano in uno dei settori sopracitati fa sempre comodo, ma dipende dal vostro giro di conoscenze e ambiente, queste scelte possono aiutarvi ad ammortizzare i costi e ad avere un ambiente di lavoro più friendly.

Il regista è affiancato, solitamente, dal direttore della fotografia che ha l'importante compito di decidere come sistemare tutte le luci, e dare ad ogni scena i "toni" luminosi più adatti al videoclip.

Restare in contatto con questa figura è molto utile per ottimizzare il lavoro e dare alla fotografia dell'immagine il massimo impatto possibile.

Presente sul set vi è sempre l'operatore della macchina da presa, da considerare il diretto collaboratore del direttore della fotografia. Un secondo regista se vogliamo, dato che a lui spetta realizzare i movimenti di macchina descritti nella sceneggiatura e dargli profondità. Quando si è sul set tutti devono collaborare con il regista per dare la massima resa possibile.

Il fonico infine è il principale garante di tutto il reparto sonoro, il suo lavoro è sostenuto dal microfonista, anche se generalmente nel videoclip non c'è molto lavoro per questa figura dato che non ci sono particolari registrazioni audio.

Tutto il videoclip, in fase di riprese è seguito dal brano in playback, per dare modo al cantante di ritrovarsi con i tempi e le battute e al massimo vi è qualche scena all'inizio o alla fine del video che richiede l'attenzione del fonico per suoni e rumori d'ambiente.

Generalmente queste sono le figure essenziali e di maggiore importanza che è bene avere su qualsiasi set e qualunque sia il nostro budget.

Oltre a queste persone sul set, o meglio all'interno della troupe, ci possono essere anche i seguenti esperti di settore:

Il produttore, ovvero colui che ha il compito importante di mettere a disposizione i soldi necessari per la realizzazione del film, per vedere come procede il lavoro e provvedere ad organizzare tutto il lavoro iniziale, contatterà il direttore di produzione, dirigerà lo svolgimento organizzativo e infine prenderà accordi con una casa di distribuzione che dovrà preoccuparsi di diffondere il videoclip nei modi e nei tempo previsti dal piano promozionale.

Un suo aiutante è l'ispettore di produzione che ha il compito di eseguire praticamente tutto il lavoro organizzativo, stabilisce e cura il programma della giornata e predispone tutto ciò che costituirà il fabbisogno d'ogni genere per i giorni successivi.

Vi è poi il segretario di produzione, il cui compito è quello di accompagnare l'artista e le comparse dall'alloggio, o da un punto di ritrovo, al luogo delle riprese.
Si occupa inoltre di prelevare dai vari stabilimenti il materiale, per il lavoro da svolgere nel programma giornaliero, cura i rapporti tra i membri della troupe e mantiene vivi i collegamenti e lo scambio di informazioni tra il set e la produzione.

Sul set potrebbe essere presente anche lo sceneggiatore che ha curato la scaletta e ha collaborato con noi alla correzione delle bozze, mentre giriamo questa figura ci può ripetere la scaletta e informaci di dettagli di cui noi potremmo dimenticarci.

Con noi potrebbe esserci anche l'aiuto regista, che ha il compito di aiutare, in ogni modo, il lavoro del regista, provvedendo a rispondere prontamente alle richieste di quest'ultimo e a sistemare la camera quando lui è coinvolto in altre mansioni.

Se siamo fortunati avremo anche uno scenografo, il cui compito è quello di progettare tutte le costruzioni sceniche e arredare o sistemare gli ambienti nel modo migliore.

Infine c'è la segretaria di edizione, da considerarsi l'aiutante numero due del regista ma non per questo meno importante. Infatti si assume la responsabilità, di estrema delicatezza, di compilare giornalmente uno speciale foglio detto "foglio di ripresa" sul quale riporta tutti i raccordi, la piantina del set, le eventuali variazioni, le modifiche delle inquadrature, le inquadrature buone, gli scarti e le riserve di ogni inquadratura girata, l'ottica usata, le posizioni della macchina da presa e molto altro. Deve prendere nota di tutto quello che avviene durante la lavorazione del videoclip, un compito tutt'altro che semplice.[26]

Queste sono le figure che possono essere presenti sul set e che agiscono in stretti rapporti con il regista e la produzione. Dietro a queste persone però vi sono anche quelle presenti nel backstage, ovvero quegli esperti che si devono occupare del performer e degli altri soggetti ripresi.

Queste persone sono i costumisti, che hanno il compito di provvedere allo studio e al reperimento, o realizzazione, degli abiti. Generalmente l'artista ha un suo stile e se c'è un

---

[26] Dilos Center, "Equipe cinematografica",
<http://www.diloscenter.it/web/cinematecnologie/dida_02.htm>

corpo di ballo nel videoclip è premura del costumista vestire i ballerini in modo coerente con la figura del cantante.

I truccatori e i parrucchieri hanno il compito di truccare accuratamente l'artista o il gruppo e di occuparsi delle comparse e del corpo di ballo se necessario, inoltre hanno in custodia i costumi, gli accessori e le calzature di eventuali sponsor. Il trucco può anche solo consistere in un'omogeneizzazione del colore della pelle.

Con la troupe al completo iniziamo a girare.

Facciamo un enorme balzo in avanti ora perché vediamo come, una volta ottenuto tutto il girato finale, si passa il testimone al o ai montatore ed esperti di effettistica, sempre considerati come membri della troupe.

Queste figure non si limitano al montaggio meccanico dei vari pezzi di girato ma in realtà si occupano anche di effettistica 2d o 3d e della sincronizzazione del labiale.

Quest'ultimo procedimento, quello della sincronizzazione del labiale, è possibile attuarlo sia manualmente che con una tecnica chiamata Lyp Sync che "legge" le variazioni audio della voce del cantante registrate nelle riprese ed effettua una sincronizzazione tramite la lettura e la sincronizzazione di tali onde con il brano.

Dopo aver sincronizzato le varie tracce, il montatore, assieme al regista, deve decidere il modo di montare. Nei videoclip vi è un cambio di inquadratura molto rapido e a volte vi sono inquadrature che durano addirittura pochi frame.

Occorre quindi avere dimestichezza con questo genere di montaggio e con gli strumenti più rapidi per farlo, come l'uso dello strumento multicamera.

E' previsto anche un altro aiutante, l'assistente al montaggio, il suo compito è quello di provvedere a numerare tutte le scene del film, scrivendo il numero del ciak, numerando le cassette e riordinare tutto il materiale filmico.

Dell'aspetto e le tecniche di montaggio ci occuperemo poi, adesso dobbiamo pensare alla macchina da presa, dato che abbiamo una troupe è bene reperire le attrezzature migliori possibili per prepararsi allo shooting e poi pensare al tipo di regia.

3.5 Noleggio della macchina da presa

Diciamo da subito che la pellicola è sempre il top per quanto riguarda colorimetria e fotografia, ma come ogni cosa di alta qualità è molto costosa e almeno che non si abbia un alto budget e ottime conoscenze di base non si può optare per questa scelta.

Oggi è essenziale conoscere lo standard HD, acronimo di alta definizione come il formato DV sta alla standard definizione.

Generalmente, nelle medie piccole produzioni si gira con le videocamere digitali i cui formati più usati, sono il miniDV e il DVCPro.

Molto usato è il formato Betacam, un po' obsoleto ma dalle alte prestazioni.

La differenza tra i vari formati è la qualità dell'immagine e il codec usato per le riprese.

Il componente da cui dipende in maniera sostanziale la qualità delle immagini delle riprese è il sensore di immagine noto anche come CCD. Questi sensori, che identificano la qualità dell'immagine ripresa possono essere di diverse dimensioni e in numero variabile.

Oltre questo occorre fare riferimento alle ottiche fisse, usate per le camere professionali, per avere qualità ancora maggiori, molto vicine allo standard cinematografico.

L'ottica è una delle parti che incide di più sul prezzo, ma anche sulla luminosità e nitidezza dell'immagine, nonché sulla resa dei colori; quindi, se è la qualità che cercate, orientatevi verso videocamere con lenti di qualità e con ottiche intercambiabili.

Le SONY o PANASONIC HD e le RED ONE sono le camere migliori in questi casi dato che le prime possono registrare sia su miniDV che su scheda di memoria e le seconde, di stampo americano, hanno ottiche intercambiabili come per le macchine da presa professionali di marca ARRI ma hanno costi molto inferiori e registrano direttamente su HD.

Seguendo questa logica si può anche pensare di girare con le nuove fotocamere professionali che, oltre a fare ottime foto, possono girare filmati in Full HD su schede SD o CF.

I modelli più conosciuti e acquistati sono le ultime macchine di stampo CANON, NIKON o OLYMPUS.

Queste sono scelte attuabili per il settore di videomaker che producono in maniera autonoma i propri lavori ma è difficile applicare lo stesso standard di scelta se vogliamo aprire uno studio di riprese.

Dato quindi che a noi interessa una telecamera è meglio orientarsi sui modelli in alta definizione come la Canon XM2, la Panasonic P2 o AG-HVX203 o la Sony HVR A1E, per standard professionali e con costi relativamente bassi di noleggio si può optare anche per la nuova BlackMagic 2k o 4k.

Sono tutte camere abbastanza costose, ma se lavoriamo professionalmente è bene acquistarle a rate o noleggiarle, un buon lavoro alla fine ci ripagherà sempre e potremo ammortizzare il materiale acquistato.

In alternativa dobbiamo avvicinarci alle camere compatte della Samsung, Canon, Panasonic o Sony che costano molto meno, essere consci che non offriranno le possibilità artistiche di quelle professionali.

Quando acquistiamo una telecamera semi professionale è di fondamentale importanza la presenza di uno stabilizzatore d'immagine che "assorba" le inevitabili piccole vibrazioni provocate dallo spostamento dell'operatore e che possono essere assai fastidiose.

La differenza tra una camera compatta e una professionale, oltre alla maggiore quantità di comandi con possibilità di calibrazione manuale, di filtri e attacchi professionali per ottiche, microfoni e luci, è principalmente lo standard di uscita ovvero il segnale di registrazione.

In altre parole la qualità del girato è notevolmente migliore quando giriamo con una camera professionale, sia per i motivi meccanici che per l'ovvia qualità dell'obbiettivo assai sensibile alla luce e dall'alta resa.

Vi sono diversi siti che offrono il servizio di noleggio.

Uno dei siti più conosciuti in Emilia Romagna è quello dell'azienda ADCOM di Bologna e per le luci, sempre a Bologna il sito di ILLUMINO SERVICE, oppure MOVIE LAND.

Le camere professionali in alta definizione che nascono per le medie-alte produzioni, con lo standard widescreen (16:9) sia per l'high che per la standard definition, con possibilità di riprendere ottime immagini su supporto SSD, CF card, DV o

DVCAM a livello professionale sono molte, tre delle più performanti sono:

La JVC GY-HD100/101, con relativi accessori e ottiche professionali.

La Sony HVR-Z1, molto robusta e duttile.

E la macchina da presa professionale Canon XLH1, usata spesso anche per servizi tv, data la sua compattezza.

Ora che conosciamo le "migliori" per il nostro lavoro, vediamo i due diversi tipi di ripresa possibili in HD, ovvero il PAL interlacciato o l'NTCS progressivo, con 1080 o 720 linee.

Diamo alcuni concetti di base. Interlacciato è il modo tradizionale di scansione del video, tramite trasmissione a righe parallele, il modo in cui funzionano gli apparecchi Tv a tubo catodico. Il tipo progressivo visualizza un fotogramma intero alla volta, come un film, ed è il modo in cui lavorano gli schermi LCD. [27] Stiamo attenti a quando esportiamo un prodotto perché dobbiamo calcolare dove andrà trasmesso e quindi pensare al progressivo, se va su web e all'interlacciato, up o down se va in tv.

---

[27] B. Long, S. Schenk, 2005, "Video digitale Il manuale", 2a ed. Milano, Apogeo pp.48-49

Il sistema PAL consiste in 576 linee attive che formano l'immagine, mentre l'NTSC è a 480.

Se volete che il vostro video assomigli alla qualità cinematografica, dovete scegliere le videocamere che possono girare a 24framepersecond o 25fps, ma ormai tutte le camere offrono la possibilità di girare con questa frequenza o altre.

L'XLH1 della Canon è la scelta ideale per chiunque voglia attrezzare uno studio HD senza spendere molto, perché è il modo più economico per ottenere un output 1080i HD-SDI 4:2:2 completo.

Queste tre cifre danno il valore di sensibilità dell'ottica e di qualità dell'immagine, un 4:4:4 da il massimo risultato, ma si parla di codec che permettono l'acquisizione di tutte le informazioni della luce, una sorta di RAW fotografico che cattura tutto e la cui pesantezza è estremamente elevata.

Un'alternativa più economica all'HD è il nuovo AG-HVX200 della Panasonic, potenzialmente molto valido perché riprende utilizza il formato DVCPRO HD, un formato più robusto, meno compresso dell'HDV, e dà un segnale 4:2:2 completo, per cui registra più informazioni sul colore, agevolandone l'uso per lavoro di effetti, come chromakey e compositing.[28]

Un altro valido sostituto digitale, alla pellicola, è il formato delle nuove telecamere professionali Panasonic P2.

Oggi non si registra solo su nastro o pellicola, con i nuovi supporti digitali si può registrare anche sulle card e queste nuove telecamere ottimizzano questo tipo di registrazione. A volte queste schede sono molto costose ma una

---

[28] *"Le telecamere digitali"*, < http://www.videoediting.it/telecamere_digitali.html>

volta acquistate possono essere continuamente riciclate senza problemi di perdita di qualità

La presenza dello slot per card SD espande ulteriormente le possibilità di memoria. E la nuova tecnologia P2HD della Panasonic risponde proprio a tutte le esigenze delle produzioni in HD, come fanno già molte reti televisive dato che l'utilizzo delle schede di memoria P2 HD permette un'elevata velocità di trasferimento, riscrittura delle card facile e sicura, e capacità di registrazione prolungata grazie all'inserimento delle nuove card P2 da 32GB e 64GB.

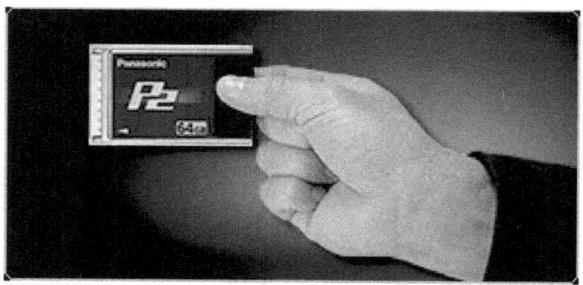

Affiancato a questo standard c'è anche l'AVCHD (Advanced Video Codec High Definition – codec video avanzato ad alta definizione), un sistema di compressione ad alta definizione.

É un video encoder e decoder, o "codec", altamente efficiente basato sull'MPEG-4 AVC (H.264) che non comprime troppo il file, rendendolo meno definito, e usa tutte le caratteristiche dell'HD.

Tutte queste caratteristiche sulle nuove camere ad alte prestazione, di facile registrazione e spostamento aumentano incredibilmente il numero delle presenze di questi apparecchi sul set, a discapito delle macchine da presa in pellicola.

Scelta la camera che fa al caso nostro, magari consultiamo qualcuno esperto di ottiche o di fotografia per prendere il modello migliore, è opportuno procurarsene una seconda appena possibile, sia per le riprese, che per eventuali emergenze. Con le nostre telecamere in mano iniziamo a leggere il libretto di istruzioni e a provare alcuni ciak con camera in standby per prendere confidenza con l'impugnatura e le varie funzioni di diaframma, white balance e iris.

Nonostante le differenze qualitative e di prezzo, le telecamere semiprofessionali e professionali hanno tutte la stessa modalità di utilizzo.

Posto sul retro della camera vi è il pulsante selettore della modalità video, settabile su camera, per registrare premendo il pulsante di registrazione vicino a quello di accensione, o su vcr, per visionare ciò che abbiamo girato utilizzando i comandi manuali posti a lato della camera.

3.6 Le attrezzature per il set

Quando giriamo dobbiamo essere sicuri, prima ancora di andare sul set, di avere tutte le attrezzature utili per effettuare le riprese che abbiamo descritto nella sceneggiatura.

Le attrezzature base che saranno sicuramente utili sono:

Il cavalletto, accessorio di cui è impossibile fare a meno quando si riprende, per avere riprese stabili. Nella scelta del treppiedi assicuratevi che, una volta fissato e regolato, sia stabile e consenta tutti i movimenti con la massima fluidità possibile e sia dotato di bolla di livellamento che permetta di verificare il giusto orientamento della camera.

Inoltre per rendere il vostro acquisto utile al 100% assicuratevi che sia munito di agganci per un carrello con ruote, se intendete usarlo anche per carrellate.

In seguito, in base alle nostre necessità, ci potranno essere utili strumenti come dolly e steadycam.

Siate sicuri che il meccanismo di aggancio e sgancio rapido della videocamera dalla testa sia adatto alla nostra camera e funzionale, se ad esempio aveste l'esigenza di essere sempre pronti a passare da una ripresa a mano libera ad una su cavalletto e viceversa in pochi istanti, cosa che può accadere se abbiamo una sola telecamera durante le riprese del videoclip.

Di cavalletti ne esistono vari tipi, i migliori per resistenza e maneggevolezza però sono il Sachtler Video 20 SB, molto costoso, di cui esistono però diverse altre marche ugualmente buone come il Libec RS-250 (RS250) e il Manfrotto MN501HDV525 (MN-501, HDV, 525).[29]

Questi cavalletti sono molto utili anche perché hanno

---

[29] Catalogo Manfrotto.
<http://www.manfrotto.it/category/8709.76991.0.0.0/Treppiedi>

piastre di aggancio camera intercambiabili.

Sempre per le riprese può essere utile avere un carrello per, appunto, le carrellate.

Il carrello può muoversi su ruote o su binari, il secondo è di più difficile collocamento ma è estremamente più accurato. Le ruote infatti possono sempre sbandare o colpire un oggetto e rendere inutile quel ciak.

Per costruire i binari però accorre dimestichezza con lo strumento e quindi se non ne siamo in grado noi dobbiamo ingaggiare un tecnico che monti i binari nella posizione che ci serve per effettuare la carrellata.

Congegno utilissimo poi è la steadycam. Questo strumento, fissato al corpo dell'operatore con delle cinghie bilanciate tramite un apposito contrappeso, distribuisce il peso della telecamera in maniera uniforme, bilanciando anche le riprese in corsa.

In questo strumento è costituito da un'imbracatura agganciata al busto da cui si estende un braccio mobile che permette all'operatore di camminare e spostare la telecamera senza far traballare l'inquadratura.

Le riprese in steadycam sono sempre le più desiderate, ma benché siano molto semplici bisogna avere sempre una buona esperienza come cameraman.[30]

Altro elemento utile, soprattutto per le riprese aeree, è il dolly o gru, una grossa macchina con un braccio meccanico che alza la macchina da presa in aria e, comandata da terra, effettua le inquadrature dall'alto.

---

[30] B. Long, S. Schenk, 2005, *"Video digitale Il manuale"*, 2a ed. Milano, Apogeo pp. 65-66

Esaminati tutti i vari supporti camera, come possono essere cavalletti speciali e particolari agganci è bene parlare dell'impianto luci.

Sulla camera generalmente si ha la possibilità di inserire un faretto, utile per effetti di luce di tipo spot sul soggetto tipo "intervista" ma questo non basta per il set di un videoclip.

Oltre ai fari che andremo a posizionare, è bene tener conto che sul set si avrà anche la luce naturale, quella che si può trovare in qualsiasi luogo colpito dal sole e illuminato da fonti esterne come fari, lampade fluorescenti, incandescenti od alogene, una semplice candela o il fuoco di un camino.

Tutte queste fonti luminose possono interagire differentemente ed è quindi nostra premura ingaggiare un direttore della fotografia che lavori su tutte queste variazione ed elimini o controbilanci le luci, con altre luci, in modo da assecondare il nostro volere e creare l'ambiente luminoso più consono alle riprese.

Sul set ci deve essere sempre una la luce chiave, così detta perché è la luce principale che illumina il performer e di solito è la fonte di luce più forte, posizionata generalmente di lato rispetto alla telecamera. In base alla sua posizione e all'ombra che produce si passa poi a posizionare le altre luci.

Queste seconde luci di riempimento si usano per diffondere la luce sul soggetto ottenendo un risultato che vada ad ammorbidire le ombre più decise e nette create dalla luce chiave.

La luce di riempimento è solitamente posizionata al lato opposto della luce chiave e di norma ha una potenza minore rispetto a quest'ultima, proprio per non andare a creare uno sdoppiamento delle ombre.

Infine si ha la luce di fondo, utilizzata per illuminare la parte posteriore del soggetto in modo da "staccare" il cantante dallo sfondo e quindi dare maggior realismo prospettico alla scena, attraverso una maggiore profondità d'immagine.

Questa luce, di solito, è posizionata esattamente a lato della luce chiave.[31]

Nel caso non potessimo reperire molte luci ci possiamo procurare di pannelli riflettenti, bianchi, argentati o dorati, che ci aiutino a diffondere in maniera omogenea la luce.

---

[31] Dreamvideo, *"Tipi di luce"*,
<http://www.dreamvideo.it/illuminazione/tipi_luce.htm>

Le luci offrono una gamma enorme di scelte, per tipi e dimensioni, di conseguenza esistono svariate modalità di utilizzo della luce nelle scene, tutto dipende anche dall'esperienza e la bravura del direttore della fotografia.

Alcuni nomi e caratteristiche, nel caso ci chiedessero un parere, di fari e luci li diamo di seguito.

Lo Staff K5600 Lighting H.M.I. è un faretto che produce una luce bianca simile alla luce del giorno. Il successo delle lampade H.M.I. si spiega con numerosi vantaggi, come la temperatura colore stabile a 5600°Kelvin, detta luce fredda, cioè con predominanza di colore azzurro.

Oltre a questo tipo di lampada vi sono le luci, o faretti, che hanno una potenza variabile compresa tra i 500W e i 1000W, al quarzo o a incandescenza a 3200°Kelvin, detti a luce calda perché danno tonalità calde all'immagine.

Vi sono poi i diffusori, chiamati chimera lighting, utili per irradiare con una luce morbida il set.

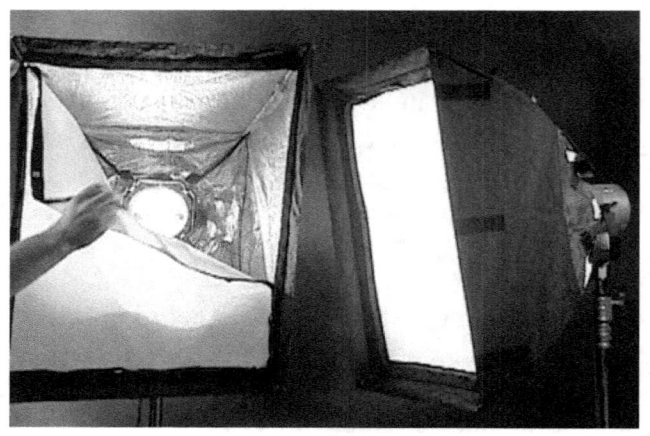

Su un set di piccole dimensioni, uno o due faretti da 1000W, luce calda, e l'ausilio di alcuni pannelli riflettenti può bastare a effettuare le riprese.

Un mio consiglio però è, se possibile, di procurarsi almeno un faretto con l'accessorio ombrello, o un diffusore a maglia, un faretto da almeno 800W di potenza e alcuni pannelli riflettenti, così potremmo gestire set, di piccole e medie dimensioni, senza troppi problemi.

Alla fine le luci daranno grande personalità al nostro videoclip, è bene quindi curarle in maniera ottimale.

Altre attrezzature che possono essere utili sul set sono gli accessori audio come cuffia e microfoni esterni. Questi strumenti non dovrebbero servire molto dato che tutto si svolge in playback ma sempre meglio essere previdenti in vista di eventuali riprese audio.

Teniamo sempre di scorta delle batterie per la telecamera, in caso dovessimo girare per molto tempo senza la possibilità di collegarci alla corrente elettrica.

Tenere sempre a portata di mano prolunghe, cavi, adattatori e alternatori di corrente.

Ulteriori accessori, sempre utili, sono le borse da trasporto necessarie per assicurare l'integrità delle attrezzature durante i viaggi. Sono disponibili sul mercato borse e sacche di ogni tipo, rigide, semirigide, e di grandezze variabili, appositamente studiate per il trasporto e la protezione di oggetti delicati come le lenti, le lampade, i microfoni e le stesse videocamere.

Assieme alle borse potremmo portare con noi sul set gli accessori per la pulizia e la manutenzione degli strumenti, strumenti da lavoro e materiale per il fai da te.

Essere pronti a ogni cosa è il modo migliore per non essere mai colti impreparati e ottimizzare i tempi di ripresa anche quando si presentano dei problemi.

3.7 Le location e la scenografia

Il termine inglese **location** indica, nel linguaggio cinematografico, uno dei luoghi utilizzati per le riprese di un film, ovvero nel linguaggio comune significa ubicazione, luogo, località, esterno.

L'ambientazione fornisce cioè uno "sfondo" generale per la storia: ad esempio, nel nostro videoclip si parla di una strada di città e l'interno di un locale come una discoteca.

A differenza dell'ambientazione la location indica la scelta dei luoghi per tutta la storia.

La location riguarda la scelta di una città, un quartiere, alcune strade, un luogo naturale per la ripresa del videoclip.

Queste sono individuate dal location manager su indicazione dello scenografo ed in collaborazione con il regista ed il direttore della fotografia.

Per individuare le location si parte dalla cosiddetta "lista degli ambienti", generalmente fornita dal regista.

Oggi location significa non solo la scelta del contesto di luogo, ma si riferisce anche al tempo.

Tempo inteso come luogo storico, un passato recente o remoto, per un'ambientazione storica o riferimenti a un'epoca futura come nel caso della fantascienza.

Le location sono oggetto di attenzione anche da parte degli **operatori turistici** per la realizzazione di itinerari ispirati al cine turismo e, a volte, si interpellano proprio queste agenzie per trovare la location.

Stabilito il luogo delle riprese con il location manager e la produzione, si passa al sopralluogo della zona assieme allo scenografo.

Prossima alla location è la scenografia.

Si effettuano foto e schizzi del luogo per progettare la posizione di fari, camera e oggetti di scena, in modo da essere già in grado di posizionare tutte le attrezzature nel posto giusto appena arrivati sul set. Si possono anche fare foto e utilizzare il fotoritocco o la grafica 3d per poter immaginare come sia il set.

Quindi valutiamo bene dove realizzare le nostre riprese, naturalmente utilizzando le informazioni presenti nella sceneggiatura.

La scenografia è la ricostruzione dell'ambiente in cui si svolge l'azione.

L'apparato scenografico si differenzia a seconda del tipo di "messa in scena" che si vuole realizzare. Per esempio un soggetto vicino alla realtà richiede una costruzione scenografica che si avvicini il più possibile al vivere quotidiano, e comunque renda il più possibile credibile ciò che si vuole rappresentare.

Un soggetto di tipo surrealistico o simbolico, come avviene spesso nei videoclip, richiede una ambientazione del tutto particolare ed adeguata.

La scenografia utilizza un linguaggio proprio, di conseguenza deve interagire con i diversi componenti della messa in scena, in modo che non si creino discrepanze.

La creazione scenografica è una scelta ben precisa che va operata in modo attento, ed è importante che sia studiata a fondo tanto quanto gli altri elementi di regia e progettazione.

Quanto più l'evento messo in scena è importante, tanto più la scenografia deve essere attentamente valutata e progettata nei minimi particolari.

Avvalersi di un interior design in questi casi può essere assai soddisfacente.

Ci sono scenografie estremamente curate ed elaborate come scenografie minimali basate sull'uso del chroma key, tramite il green screen si realizzeranno riprese che in post produzione si trasformeranno completamente.[32]

La scenografia è molto importante, un'inquadratura dall'alto di una stanza piena di vestisti e in disordine, darà un'impressione molto differente della stessa stanza proposta come luogo ordinato e serio. Nel primo caso il performer potrà riferirsi a un target molto giovanile mentre nel secondo a un target più "serio".

Lo spazio in cui si prevede debba svolgersi l'azione e quindi l'ambientazione da ricreare e/o da utilizzare per le riprese si rifà all'arte scenografica.

La scenografia si avvale anche di elementi quali i mobili, la creazione di scene, costumi, trucco e tutti i supporti tecnici occorrenti per ricreare le circostanze e le atmosfere giuste.

Il fine ultimo è quello di ricreare l'ambiente ideale per ottenere la migliore ripresa possibile.

Per tutti i motivi descritti finora è fondamentale e necessaria la collaborazione tra scenografo e regista.[33]

---

[32] Dreamvideo, *"La Scenografia"*
<http://www.dreamvideo.it/scenografia/introduzione.htm>
[33] T. St. J. Marner, 2003, *"Grammatica della regia"*, Lupetti editori, pp. 42-44

3.8 La fotografia, l'allestimento del set e il chroma key

L'uso della luce è uno strumento espressivo cardine di tutto il linguaggio audiovisivo.

Se c'è un incarico che di solito non assume personalmente il regista e con il quale è bene sia in buoni rapporti è quello del direttore della fotografia.

Spesso il collaboratore più importante della regia, per consigli e idee sulla scena, è proprio questa figura.

Lo stile del videoclip è dato dalla luce e dalla qualità della fotografia, come già accennato nel capitolo precedente sulle attrezzature.

Il direttore della fotografia è un tecnico altamente specializzato e dotato allo stesso tempo di capacità espressive e qualità artistiche, è nel modo in cui realizza la fotografia che si caratterizza un bravo fotografo e direttore della fotografia.

Il regista può seguire in prima persona la fotografia oppure delegare questo lavoro al direttore esperto che in questo caso ha una certa autonomia nella preparazione di tutto il set.

Con la fotografia si dà senso e rilievo agli spazi, in altezza, in larghezza, e nella profondità attraverso giochi di luci e ombre aggiungendo atmosfera a tutta l'opera.

Il direttore della fotografia ricopre fondamentalmente tre incarichi: illuminare con l'impianto luci la sfondo, inquadrare e impostare l'apertura dell'obiettivo, ovvero il diaframma, in base alla luminosità data agli oggetti e curare la luce e l'ombra presente sul performer.

Le immagini trasmesse dai televisori sono immagini piatte ed è attraverso l'uso delle luci e delle ombre che si dà la profondità alle immagini.

Inquadrature straordinarie, toccanti ed estremamente adrenaliniche, come scene di rallenty, tramonti, albe e incredibili panoramiche, sono frutto della collaborazione tecnico-artistica tra regista, direttore della fotografia e scenografo, in percentuali diverse a seconda dei casi.

È possibile illuminare un soggetto in cinque modi diversi: frontalmente, lateralmente, dall'alto, dal basso e da dietro (controluce), fino alla luce diffusa che illumina le zone oscure ammorbidendo le ombre.

Frontalmente il soggetto viene schiacciato verso il fondo e in controluce ne risulta fortemente in rilievo. Con luce laterale invece si mettono in evidenza le superfici e la loro natura nello spazio.
Naturalmente illuminando la scena in modo diverso avremo una grande varietà di forme artistiche.

La luce può essere normale o filtrata, nel caso utilizzassimo delle gelatine colorate o di diversa consistenza per dare diverse sfumature alla luce, inoltre può essere naturale o artificiale, quest'ultima permette maggiori possibilità espressive per intensità e colore, dato che la prima non è modificabile e ci dobbiamo adattare noi ad essa.[34]

Bisogna sottolineare come la fotografia e il gioco delle luci sia essenziale per garantire che il soggetto, per noi il

---

[34] V. Storaro, *"La Fotografia Cinematografica"*,
<http://www.1aait.com/larovere/index.html>

performer, sia illuminato a sufficienza affinché sia assicurata una visione nitida dello stesso nel video.

Un'illuminazione sbagliata può sminuire la bellezza di una scena e annullare o modificare l'interpretazione del nostro cantante.

Nell'esempio sottostante vi è un esempio dell'utilizzo di una luce "spot" per evidenziare il vino che viene versato nel bicchiere.

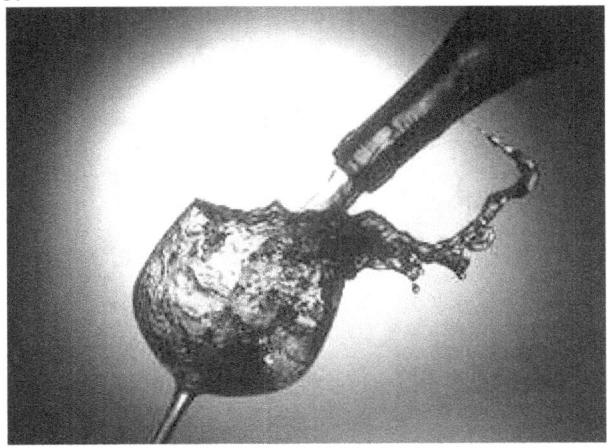

Con la luce e una buona fotografia si può:
- attirare l'attenzione su una zona precisa dell'inquadratura;
- evidenziare o nascondere dettagli e forme;
- dare maggiore o minore spazialità ad oggetti e ambienti;
- creare atmosfere;
- creare stati d'animo;
- evidenziare i contorni rispetto alle superfici;
- evidenziare le superfici rispetto ai contorni;
- alterare e creare colori.

È importante però sottolineare la differenza sostanziale tra l'occhio umano e la telecamera: sono differenti i modi e le capacità di cogliere i dettagli e le sfumature degli oggetti scuri e chiari e il contrasto fra questi.

Ecco un esempio di set per videoclip. In giallo sono segnate le luci e i pannelli riflettenti.

Le telecamere professionali riescono ad assicurare risultati buoni anche nelle condizioni di illuminazione peggiori (o particolari), ma sono molto costose.

Le telecamere di medio livello sono state migliorate e sono più accessibili come prezzo ma sono sempre da preferire i modelli con 3 CCD per cogliere nel migliore dei modi la luce.

La soluzione migliore per non avere uno sballamento della fotografia è quella di ridurre l'intervallo tonale della scena, intervenendo sulla luce globale delle scene. Se ci muovessimo in uno stesso ambiente, prima inquadrando un soggetto in controluce e poi un soggetto illuminato in volto, se la camera non è stata settata su manuale e non abbiamo l'accortezza di agire sul diaframma, avremo un momento "sballamento" dell'intervallo luminoso nella scena, effetto assai sgradevole e indesiderato.

Accessorio essenziale per limitare questo ed altri problemi è il paraluce, di forma cilindrica o conica, annerito all'interno, è uno strumento che si avvita davanti all'obiettivo e serve a evitare che la luce, proveniente dall'esterno del campo inquadrato, vada a colpire la lente frontale dell'obiettivo. Ciò provocherebbe infatti una perdita di contrasto dell'immagine, effetto foschia, la formazione di aloni e di riflessi.

La luce parassita può essere oltre che diretta anche riflessa da oggetti, per questo motivo il paraluce andrebbe utilizzato sempre, con qualunque condizione di luce e in tutti gli ambienti.

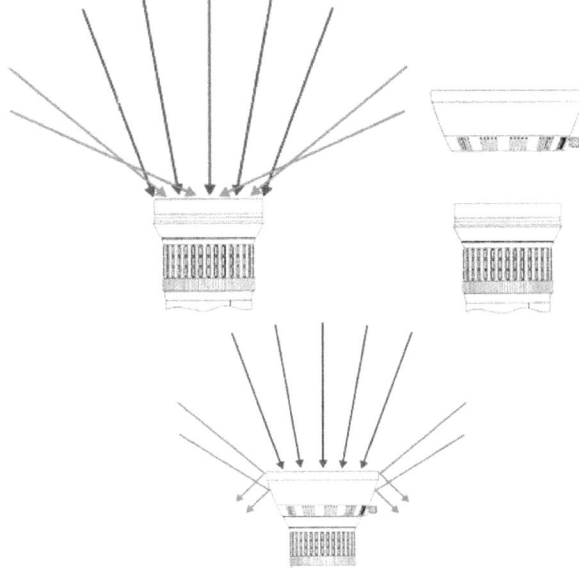

In obiettivo senza il paraluce viene colpito anche dai raggi di luce parassita (in rosso nell'immagine).

Il montaggio di un paraluce davanti all'obiettivo ferma i raggi di luce parassita. Le differenze, con e senza paraluce, le potete vedere nelle due foto successive.[35]

Con paraluce

Immagine corretta

Senza paraluce

Immagine con perdita di contrasto

[35] Dreamvideo, "Il paraluce", <http://www.dreamvideo.it/ripresa/paraluce.htm>

Immagine corretta

Immagine con perdita di contrasto e con riflessi (flare).

L'utilizzo del paraluce, nel campo delle riprese, è importante per la fotografia, infatti la telecamera mentre riprende una scena può fare panoramiche e zoomare, e quindi aumentare le possibilità che un raggio di luce parassita colpisca l'obiettivo. Il paraluce evita questo problema.

Il paraluce è un accessorio economico, che una volta provato non si abbandona più e che il direttore della fotografia fa sempre adottare al regista prima delle riprese.[36]

---

[36] Dreamvideo, "Illuminazione",
<http://www.dreamvideo.it/illuminazione/cosa_si_puo_fare.htm>

Una volta rassicurati che la fotografia è ben curata, dobbiamo occuparci di "arredare" location e disporre tutto il materiale che, elencato in precedenza, andrà posizionato sul set, anche in base agli schizzi realizzati dopo le indicazione del direttore della fotografia sulle luci.

Passiamo quindi a vedere la basi teorico-pratiche per costruire un set. Questo processo vede uno scenografo lavorare, in collaborazione con il direttore di produzione, per creare il set in base alla pianta della zona, compilata dalla segretaria di edizione, con tutte le posizioni di camere e luci.
In pratica dopo aver spostato i mobili o i pannelli in maniera ottimale, vengono posizionate le luci, secondo direttiva del direttore della fotografia.

Di solito per il videoclip si tratta di creare un set di piccole dimensioni o di adeguare un ambiente esistente alle esigenze del regista.
La produzione di disegni in scala, che rappresentino la zona, con l'ausilio di programmi come *AUTOCAD* o i vari software *AUTODESK* che lavorano anche in grafica tridimensionale, può essere molto utile se realizzati in tempi brevi.

Il nostro limite è sempre rappresentato dal budget.
Non bisogna mai scordare che fare in fretta a progettare set hollywoodiani ma è assai dispendioso in termini di tempo e denaro ricrearli o arredarli.
Ora è tutto pronto per le riprese e dopo aver verificato che quello stabilito su carta è stato rispettato e attuato correttamente possiamo iniziare le riprese.

Prima di iniziare a girare però c'è un'ultima scelta che dobbiamo valutare, ovvero l'uso o meno di un **green screen,** telo o vernice.

Questa tecnica usa il chroma key (colore chiave), ed è utilizzata in campo musicale per motivi economici e pratici.

Girare una scena su una montagna o in mezzo al mare è assai complicato, costoso e pericoloso. Girare in studio e poi aggiungere l'immagine della montagna a computer fa risparmiare tempo e denaro, il risultato ovviamente deve essere professionale altrimenti si rischia di ridicolizzare la scena.

Lo screenshot sottostante, preso dal film *Sin City* di Robert Rodrigùez, mostra come, grazie al green screen sia possibile inserire sfondi, come il magazzino della scena, senza alcuna difficoltà logistica.

Teoricamente chiunque può sfruttare questa tecnica, ma ovviamente più ci si allontana dalle giuste metodologie di applicazione, più il risultato sarà scadente.

In sostanza per far sì che il nostro soggetto possa interagire con sfondi provenienti da altri mondi, è necessario utilizzare uno fondo omogeneo di colore blu o verde, più precisamente oggi è leader il **pantone verde 354C**, una sorta di verde-limone.

Fino a qualche anno fa si utilizzava il blu screen, sostituito dal green per una migliore compatibilità con le videocamere digitali.

Ma fondamentalmente il chromakey potrebbe essere utilizzato con qualunque tipo di colore, e la scelta del blu o del verde deriva dal fatto che sono gamme che non vanno ad intaccare i colori delle pelle.

Quindi, un girato su uno sfondo di questi colori, viene "bucato" in post produzione per andarsi a mixare con un video di altra sorgente e creare una nuova scena. Ovviamente il soggetto non può vestire nessun oggetto dello stesso colore dello screen, altrimenti verrà "bucato" anch'esso. Il trucco è quello di vestire con indumenti di colore blu invece di verde, per poi effettuare una modifica selettiva di tonalità sul colore per portala in verde.

Se abbiamo deciso di usare questo strumento dobbiamo munirci di una superficie uniforme di verde, che vada possibilmente a creare un limbo. I teli, grandi 2x4m o 3x7, non devono creare ombre o angoli ed essere staccati dal soggetto, per avere la migliore resa possibile, di qualche metro.

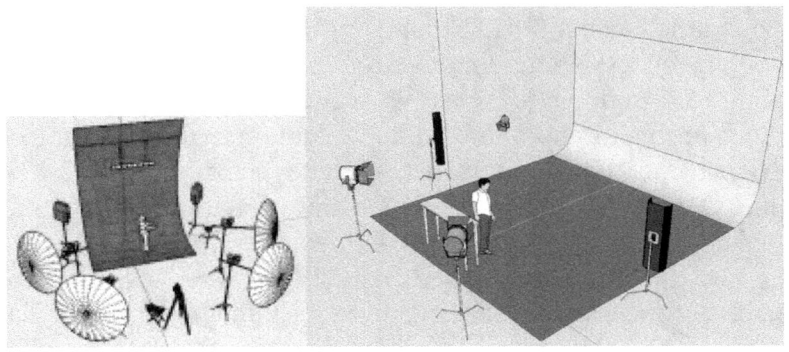

Assicuriamoci di avere il soggetto e lo sfondo ben illuminati da due fonti di luce differenti per poter separare i vari livelli di immagine.

Nell'ambito professionalmente vengono usati dai 4 proiettori in su, almeno due laterali alti che puntino incrociandosi sul fondo, per eliminare le ombre del soggetto sul quale è puntato almeno una luce di fronte e una in controluce per smorzare le ombre. Utilizzando questi accorgimenti potremo staccare il soggetto dallo sfondo e utilizzare al meglio la tecnica del chromakey.

Usufruire dunque della funzione del chromakey, in post produzione, significa avvalersi di un programma adatto a elaborare tali immagini, come AFTER EFFECTS della ADOBE, o NUKE della FOUNDRY professionalmente più utilizzato come anche le funzioni grafiche avanzate di AVID o MOTION di FINAL CUT per la APPLE.[37]

Per applicare questo effetto si selezione la voce keylight e poi, andando ad agire nelle preferenze dell'effetto,

---

[37] M. Algeri, *"Green screen, cos'è e come si utilizza"*,
<http://interactiveminds.myblog.it/archive/2010/05/10/green-screen-cos-e-come-si-fa-come-si-utilizza.html>

selezioniamo un punto dell'immagine che contiene lo sfondo del colore che si vuole rimuovere, e il software farà il resto creando la, così detta, Maschera, o Matte.

I problemi nascono quando si vuole una foratura esatta, che rispetti i contorni precisi del soggetto, senza seghettature o lacune. Oppure, quando si vogliono forare dettagli molto sottili, come i capelli, o semi trasparenti, come un'ombra o un vetro.

In tutti questi casi è necessario fare un numero maggiore di operazioni, manipolando le immagini prima della foratura per rimuovere disturbi e difetti dovuti alla compressione digitale.

Anche la foratura deve, di solito, essere effettuata per gradi, creando più maschere diverse in base al contenuto della scena e sistemando la colorimetria.

Per massimizzare gli effetti di keylight e di color correction è consigliabile esportare il filmato in sequenze di file immagini *Targa* o *Tiff*.

A qualsiasi livello di post produzione è pratica comune realizzare almeno tre Matte sulla traccia video:

La **Garbage Matte** letteralmente "maschera della spazzatura", che comprende tutto quello che è esterno all'attore. Questa maschera non deve essere precisa e viene di solito creata con il procedimento del rotoscoping o applicando maschere manualmente.

La **Matte Densa** che è una maschera dell'attore molto solida, di dimensioni leggermente inferiori alla sagoma dell'attore. Ad esempio, la maschera densa non include i capelli e spesso nemmeno le dita o qualsiasi altro piccolo dettaglio che possa richiedere un lavoro più preciso. Serve solo a creare una maschera solida nelle aree che sono sicuramente, e totalmente, solide.

La **Matte dei Dettagli** invece viene considerata l'opposto della maschera densa, e può presentare buchi al suo interno, o aree non del tutto solide, pur di creare un contorno morbido e nitido sui dettagli più complessi da forare, come appunto i capelli.

Queste tre maschere vengono composte tra loro in modo da escludere progressivamente gli elementi, e producono una maschera finale, ragionevolmente accurata. In realtà spesso si realizzano molte maschere dei dettagli differenti. Infine si applica la color correction.

I metodi matematici usati dal software per effettuare la foratura non hanno la stessa abilità, per cui è facile che una porzione dell'attore venga forata per errore.

Per evitarlo, vengono adoperate tecniche di de-spill. In pratica, se la parte dell'immagine presa in esame non è del tutto verde o blu, viene ridotta in proporzione la colorazione del verde o del blu.

Questo però ha l'effetto collaterale di cambiare i colori dell'immagine, come possiamo vedere in questi esempi.

Nella ripresa originale in green screen, si può notare come le tinte verdi sulla camicia possano pregiudicare l'effetto finale.

Sottraendo il verde del chromakey con keylight di After Effects, i capelli dell'attrice diventano castani. Il giallo contiene molto verde.

In un chromakey competente, senza de-spill, non cambiano i colori dei capelli, utilizzando le maschere nominate sopra.

Questi sono i risultati standard ottenuti con la plug-in keylight, uno dei più accreditati nella produzione cinematografica, presente in AFTER EFFECTS e NUKE, come in tanti altri software di morphing o compositing.

Avvaliamoci del direttore della fotografia in post produzione per la correzione delle immagini per non rendere futile tutta la fatica fatta durante le riprese.

Oltre a questa tecnica di post produzione abbiamo anche delle macchine da scena molto utili e semplici, per uso e reperimento, che ci possono servire per altri effetti visivi. Abbiamo ad esempio la macchina del fumo per creare atmosfera, ventilatori di varie grandezze e capacità per l'effetto vento nei capelli e la macchina della pioggia.

Inoltre, con un bravo tecnico dei visual effects e della grafica 3d a fianco, potremo addentrarci nell'uso dell' "espansione del set" digitale. In poche parole è una tecnica combinata di riprese con oggetti reali e green screen che ci permette, nel risultato finale, di vedere il nostro attore muoversi in grandi ambienti, come città londinesi rinascimentali e simili. Questa tecnica utilizza il green screen di varie scene, il camera tracker e la grafica computerizzata.

Adesso abbiamo davvero tutto ciò che ci serve per girare. Prima di passare al ciak però affrontiamo un attimo il discorso riguardante le comparse, i ballerini e tutti coloro che sono presenti sul set delle riprese.

Capitolo 4. La produzione e la gestione del set

4.1 Preparare il cantante e il gruppo

Ora che siamo pronti per iniziare le riprese dobbiamo preoccuparci di come "gestire" il cantante.

Come prima cosa diamo tutte le informazioni di come gireremo all'artista e al gruppo.

Sin dal momento in cui viene affidato a noi il compito di girare, il frontman deve sapere tutto lo svolgimento e l'eventuale storia che dovrà interpretare. Conoscendo questi particolari il performer sarà in grado di recitare in modo ottimale e rendere al meglio l'idea che noi volevamo dare al suo videoclip.[38]

Creare un rapporto di fiducia e amicizia è la cosa migliore per il nostro lavoro e per le collaborazioni future.

Una volta sul set dobbiamo essere in grado di insegnare al nostro artista a recitare cantando, se questo non ha esperienza, quindi meglio avere anche alcune basi sulla recitazione. Essere naturali recitando è una delle cose più difficili da imparare e insegnare.

Il soggetto ripreso non deve mai guardare in camera, almeno che la sceneggiatura non lo preveda, lo sguardo deve essere diretto leggermente a sinistra o a destra dell'obiettivo.

Deve muoversi liberamente, in certi casi enfatizzare le espressioni e i movimenti e deve usare la mimica per trasmettere il messaggio del brano, cercando di essere a suo agio davanti alla camera e la troupe.

---

[38] G.Sibilla, 1999, *"Musica da vedere"*, Roma Eri/Rai-VQPT, p. 28

Non dobbiamo essere troppo invasivi però, nella sua performance, infatti, dovrà uscire la naturalezza del personaggio e non un soggetto costruito senza carattere.

Il rapporto tra regia e cantante - gruppo deve essere il più amichevole possibile e mai di tipo gerarchico, in modo da creare un clima sereno durante le riprese.

Solitamente il regista conosce il cantante solo pochi giorni prima dello shooting e quindi deve già essere informato dei suoi modi di fare e di vestire, preoccupandosi di fare delle ricerche in merito e riuscire così a contribuire alla sua spontaneità.

Il giorno delle riprese presentiamo alla troupe l'artista o il gruppo e passiamo subito al backstage, spostandoci nei camerini dei costumisti, dei truccatori e infine dei parrucchieri che si occuperanno di curare l'immagine del personaggio.

Queste figure devono seguire le istruzioni dell'artista e del consulente di immagine o del manager che accompagnano il performer. Il rischio è che gli abiti o il trucco non siano adatti all'immagine che deve mantenere davanti al suo pubblico e quindi perdere di credibilità.

In una produzione di medie dimensioni si deve avere almeno un truccatore che si occupi anche dell'acconciatura, in gergo, del "trucco e parrucco".

I cantanti più estroversi hanno i propri abiti e specifiche richieste di trucco ed è sempre meglio chiedere prima qual è lo stile e assecondare il tocco del frontman. Non sempre si ha sul set lo stilista quindi è bene procurarsi gli abiti giusti prima dell'inizio delle riprese.

Se oltre al frontman abbiamo anche un gruppo allora si può parlare anche di band. Gestire i rapporti con una band è pressoché identico al modo in cui si gestisce il cantante.

L'unica differenza sta nel fatto che si tratta con un gruppo di individui che possono anche avere stili molto diversi l'uno dall'altro.

Il gruppo può essere semplicemente un insieme di artisti-musicisti che suonano per un performer, nominato frontman, cioè colui che è riconosciuto come il performer e leader del gruppo.

In questo caso i musicisti non devono avere per forza un look che rispecchi quello del frontman e la loro preparazione non riguarda i momenti di ballo o narrativi.

Se invece si parla di band allora è completamente diverso. La band ha un proprio stile in comune e tutti i membri sono trattati alla pari nel videoclip, dando rilievo sia a chi canta che a chi suona.

Vestiti e truccati tutti i membri del gruppo, della band o il cantante siamo pronti a metterli di fronte all'obiettivo.

Ma oltre a loro ci possono essere altre persone di fronte all'obiettivo ed è bene capire come gestirle.

4.2 Ballerini e comparse

Nello stesso modo in cui parliamo con il performer dobbiamo parlare con le comparse e i ballerini.

Il corpo di ballo può essere scelto dalla produzione, per accordi o partnership precedenti, che non comportino un costo aggiuntivo nel budget o ci può essere data la possibilità di sceglierlo noi.

In questo caso potremmo sia rifarci a delle conoscenze in scuole di danza, o ingaggiare dei ballerini professionisti che sappiano ballare il genere di musica cantata dal nostro performer. È molto utile per la nostra rete di conoscenze avere contatti con ballerini e scuole di danza.

Occorre pensare in fase di progettazione e di budgeting se occorrerà ingaggiare delle comparse e dei ballerini a pagamento o meno.

Scelti i ballerini occorre istruirli sul balletto da compiere, dandogli almeno una o due settimane per le prove.
Prima di stabilire la data delle riprese verifichiamo l'effettiva preparazione dei ballerini e se questa è adeguata va stabilita la data dello shooting.
Una volta sul set, dopo aver posizionato le luci e le macchine di scena, i ballerini riceveranno ordini dal coreografo su eventuali movimenti che dovranno compiere intorno alla camera, in modo da non interferire con l'inquadratura del soggetto e i movimenti dell'operatore.

Stabiliamo il momento d'entrata del corpo di ballo, il momento d'uscita, e il genere di interazione che deve avere con loro il performer.

Ultimo step riguarda le comparse. Questi soggetti possono essere semplici passanti o attori scelti tramite casting.

Il ruolo della comparse può essere molteplice e retribuito o meno. Esse ricevono indicazioni dal regista sui movimenti che devono compiere e per nessuna ragione devono mai fissare il cantante o guardare in camera, almeno che non ci siano disposizioni differenti da parte del regista.

Avere una o più sessione di prove con i ballerini e le comparse è essenziale per non dover perdere tempo, e denaro, durante le riprese.

Le comparse devono obbligatoriamente firmare la liberatoria sulla privacy, dopo di che possono essere riprese dalle telecamere.

Un semplice modello di liberatoria per la privacy è il seguente:

LIBERATORIA PER LA PUBBLICAZIONE DELLE PROPRIE IMMAGINI

.... , ...
(*Località, data*)

La sottoscritta / Il sottoscritto...
(*nome e cognome del soggetto ripreso*) genitore e/o tutore di
....
Residente in Via...
Città...
Prov.................................
nata / nato a..
Il...
CF ....
con la presente **AUTORIZZA** la pubblicazione delle immagini di
.... riprese dal Sig.
........................., il giorno ....../....../.......... Dalle ore .... alle
ore .... nella località di .... direttamente o
attraverso i suoi cessionari aventi causa, nonché attraverso le società

consociate, collegate o dalla stessa controllate, a trasmettere il mio intervento e a liberamente utilizzare, totalmente o parzialmente e senza compenso, la registrazione della mia immagine e del mio intervento in qualsiasi sede, forma e modo, con qualsivoglia mezzo tecnico o tipologia di trasmissione esistente o di futura invenzione (esemplificativamente: in via etere, cavo, satellite di ogni genere o tipo, dvd, web, ecc.) senza limitazioni di spazio, di tempo e di passaggi nell'ambito delle proprie attività per uso di trasmissione televisiva, web e dvd e vieta altresì l'uso in contesti che ne pregiudichino la dignità personale e il decoro.

La posa e l'utilizzo delle immagini sono da considerarsi effettuate in forma gratuita.

INFORMATIVA SULLA PRIVACY
Ai sensi dell'art. 13 del D.Lgs 196/2003, i dati personali che la riguardano saranno trattati da .... per lo svolgimento del contratto e non saranno comunicati a terzi in relazione ai dati conferiti Lei potrà esercitare i diritti di cui all'art. 7 del D.Lgs. 196/2003: conferma dell'esistenza dei dati, origine, finalità, aggiornamento, cancellazione, diritto di opposizione.

Il soggetto ripreso (*firma leggibile del genitore e del minore*)

Genitore... ... ...
Minore... ... ...

Ora ricapitolando, abbiamo il performer e il gruppo vestiti e truccati, il set con camere e luci posizionare, la scenografia arredata, i ballerini pronti ad entrare in scena, le comparse pronte al loro posto e tutti che aspettano li loro turno.

Possiamo dire che tutto è pronto ma ora che abbiamo ogni cosa al suo posto dobbiamo vedere alcuni aspetti teorici e pratici su come si gira.

4. 3 La regia

Il ruolo del regista non è per niente un compito da sottovalutare, molti credono si tratti solamente di dare ordini a destra e a manca alla troupe ma, se vogliamo dare una definizione tecnica, è l'atto con il quale dalla sceneggiatura si passa al videoclip, ossia "dalla carta allo schermo".

Basandosi quindi sulla sceneggiatura, il regista decide il tipo di inquadratura, la durata delle sequenze, l'ambientazione e il modo in cui performer e comparse devono interagire.

Il suo compito è di rendere vero quello che era solo scritto su carta. Quello di cui abbiamo parlato fin ora e anche ciò che verrà spiegato poi fa parte del bagaglio culturale di ogni regista e del suo mestiere.

Ovviamente essere affiancato da figure professionali in ogni ambito, come quello fotografico e coreografico, apporta un grande aiuto al regista che diventa supervisore di ogni attività e riferimento per ogni problema.

Conoscere e saper usare il linguaggio audiovisivo, la messa in scena e dirigere gli attori sono le basi pratiche e teoriche per un regista di videoclip.[39]

Il compito della regia, oltre a produrre, è quello di supervisionare ogni passaggio della produzione, dalla firma del contratto, al montaggio.

La regia è anche coordinamento e supervisione del lavoro della troupe, quest'ultima quando si iniziano le riprese viene guidata dal regista nella creazione delle inquadrature, ed è in questo momento che il videoclip inizia ad acquisire uno

---

[39] Prof. G. Ganino, 2006, "*Il linguaggio filmico e audiovisivo*", Ferrara, Tecom project editore, p. 68

stile, lo stile di una regia innovativa e creativa: i continui movimenti di camera prima e il sapiente montaggio poi sono seguiti con accuratezza per trasmettere qualcosa allo spettatore, niente è lasciato al caso.

Già dall'esordio del videoclip negli anni settanta vi furono diverse concezioni di questa forma d'arte, una delle più importanti è Bohemian Rapsody di Bruce Gowers per promuovere le performance dei Queen. Il regista cercò di creare uno stretto collegamento tra video e disco da lanciare sul mercato.

La sua innovativa visione del video, degli artisti e l'utilizzo di particolari stratagemmi, come la moltiplicazione del volto dei membri del gruppo per creare l'immagine del coro, hanno fatto sì che, a suo tempo, questo videoclip e il relativo disco restassero per oltre tre mesi in cima alle classifiche della tv e dei dischi più venduti.

La creatività del regista è quindi essenziale per il successo del videoclip e del pezzo.

Canale privilegiato del videoclip e della musica in generale oggi è MTV, che notte e giorno trasmette una continuità di video musicali differenti. La notorietà data dalla televisione sfocia anche nell'utilizzo di queste forme audio-visive in contesti di svago e divertimento come le discoteche, i pub e i bar.

Il bravo regista è in grado di avere agganci e idee anche su questi canali o almeno creare un prodotto adatto a tutte queste situazioni.

I videoclip da oggetti di rimando a situazioni passate, remake di concerti o serate di spettacolo, o future, da strumenti per fini promozionali alla vendita di dischi e biglietti dei concerti, oggi diventano un prodotto di vendita fine a se stesso, e lo spettatore, principalmente di fascia giovanile, è fruitore diretto del messaggio musicale che incorporano.

I registi più abili sono consci di queste caratteristiche e le sfruttano a loro vantaggio. Il videoclip inoltre viene affiancato molte volte, come mezzo espressivo, da altre forme d'arte che lo rafforzano e incentivano come la danza, la grafica 2d o 3d, testi scritti e graffiti, diapositive, stop motion, time warp e fotografia.[40]

Sarà poi il regista stesso a decidere, alla fine delle riprese se eliminare qualche scena dal montaggio finale, e se rigirare un'inquadratura per inserire una di queste forme d'arte.

A tale scopo molti registi si riuniscono, alla fine di ogni giornata di riprese, con la troupe per controllare il girato, così da occuparsi subito di eventuali sbagli o mancanze, effettuando il giorno successivo le riprese sbagliate quel giorno.[41]

Come regista si ha il dovere di adempiere ai tempi e i modi di lavorazione previsti in pre-produzione e si richiede, oltre all'abilità teorica nel creare le inquadrature, la capacità pratica di gestire le camere e la gestione della troupe.

Registi si diventa con studio, impegno, creatività e tanta pratica. Più avanti vedremo il linguaggio visivo che ogni regista deve conoscere, prima però una breve parentesi su come usare il playback.

---

[40] Prof.ssa R. Ziosi, 2006, "Tracce *storico teoriche relative alla musica per il cinema e la televisione"*, Ferrara, Tecom project editore, pp. 74-78
[41] T. St. J. Marner, 2003, *"Grammatica della regia"*, Lupetti editori, pp. 66-67-68

4.4 Il playback e i musicisti

Nel realizzare un videoclip di genere performativo o narrativo si ha quasi sempre la necessità di riprendere l'artista mentre canta e il gruppo mentre suona. Ovviamente l'audio che si sentirà nel videoclip non è assolutamente quello in presa diretta, cioè quello registrato dal microfono interno o esterno della telecamera.

Nella maggior parte dei videoclip naturalmente la sincronizzazione del labiale con la traccia del brano dell'album è talmente accurata che non è percepibile la differenza.

Questa magistrale beffa è creata per far si che il brano ascoltato rispecchi al 100% quello che potremmo acquistare su *ITUNES* o ascoltare nell'album.

Il metodo più comune è quello di effettuare le riprese mettendo come sottofondo la base del brano o addirittura il brano completo di voce che l'artista dovrà reinterpretare cantando dal vivo durante le riprese.

Solitamente un cantante o un musicista professionista non ha problemi per quanto riguarda stare al tempo e quindi non ci sarà differenza tra il tempo del cantato e quello del labiale girato.

Se questo però non accade è consigliabile agire manualmente in montaggio prendendo e spostando i frammenti di video, più utili al videoclip, sulla traccia audio sincronizzata.

Quindi la sincronizzazione del video con la traccia audio del cd avviene in post produzione, durante il montaggio.

Possiamo fare questa operazione manualmente spostando le varie tracce o occultando pezzi del girato con altri parti del videoclip, inoltre ci possiamo avvalere di una tecnica molto sofisticata che si chiama lip sync.

Il lip sync è la tecnica utilizzata dai registi di videoclip per sincronizzare le parole del brano con i movimenti delle labbra del performer, il sistema elettronico computerizzato aiuta molto il lavoro di post produzione, creando già una traccia sincronizzata automaticamente.

La differenza tra le due tecniche non è quasi percepibile e molti la usano per praticità e risparmio di tempo.[42]

Questa tecnica analizza le onde radio provenienti dal video e le sincronizza con la traccia audio in base alla corrispondenza di frequenza.

Il suono del video può essere dato sia dal cd audio ascoltato durante le riprese che dalla voce del cantante registrata durante i ciak.

Sincronizzare le tracce non è sempre facile e il metodo computerizzato permette di risparmiare molto tempo.

Il sistema di riconoscimento fonemico viene utilizzato per l'identificazione delle posizioni labiali corrispondenti al segnale vocale utilizzato. Per utilizzare questo sistema dobbiamo registrare il cantante nella sua performance dal vivo, anche se non ottimale e utilizzare un software Lip sync che esamini lo spettro dei suoni e riconosca vocali, consonanti, pause e momenti di silenzio.

Realizzata la sincronizzazione di tutte le tracce con l'audio creiamo un'unica traccia nidificata che permetta di spostare il materiale senza perdere il sincro.

Creando un'unica traccia audio sincronizzata possiamo accostare tra loro tantissime inquadrature, con lo stesso tempo,

---

[42] S. Bertelli, 2006, "Tesi *Il lavoro del regista nella produzione del videoclip italiano"*, Università degli Studi di Ferrara, Corso "Tecnologo della comunicazione", p. 10

e perfettamente sincronizzate. Fatto ciò il metodo più veloce e divertente per proseguire è usare, se il software lo permette, lo strumento multicamera che, creando una schermata multipla, mostra ogni traccia video, ci permette di montare il videoclip con estrema velocità e praticità come in una vera regia televisiva.

Se poi il risultato non è come volevamo possiamo sempre agire manualmente in seguito.

Creata la traccia completamente montata aggiungiamo eventuali spezzoni di non cantato, per dare respiro al videoclip e finalizziamo il tutto.

La nostra regia in montaggio potrebbe sia rendere ottimo il lavoro che peggiorarlo, quindi attenzione a quanto interveniamo sul nostro videoclip per non deteriorarlo utilizzando effetti o tecniche non corrette.

Ricordiamoci di utilizzare codec che non deteriorino il video e creare bin o cartelle di sequenza che offrano la possibilità di modificare velocemente e senza problemi il video, nel caso avessimo fatto degli errori e ce ne accorgessimo solo in post produzione.

4.5 Dalla teoria alla pratica

Nella fase di produzione di un videoclip musicale si ricerca la massima qualità tecnica possibile, la miglior fotografia e interpretazione artistica ottimale. Il performer deve uscirne sempre al meglio.

Fino ad ora abbiamo visto come ci si approccia alla pre-produzione e alla preparazione dei materiale e di tutti i documenti di cui il nostro videoclip necessiterà.

È tempo di iniziare le riprese, carichiamo le macchine, procuriamoci le cassette o le memory card, le batterie di riserva e prepariamoci al primo ciak.

Il lavoro di gruppo della troupe è essenziale per la buona riuscita delle riprese, dal ciacchista, che va davanti alla cinepresa a battere il ciak, sin all'ultima comparsa, ci deve essere fluidità.

Ma quali tecniche adottare? Come girare? Per chi non sapesse bene o chi non ricordasse, diamo quindi le basi teoriche e pratiche delle inquadrature principalmente usate nel linguaggio cinematografico.

Senza dubbio un elemento che bisogna conoscere e saper utilizzare al meglio è l'obiettivo e le sue varie ottiche.

Le videocamere sono dotate di un obiettivo a focale variabile ovvero lo zoom, grazie ad esso possiamo effettuare tutti i cambi di campo possibili senza spostare la camera anche se ciò comporta una perdita del quadro d'inquadratura.

Zoomare manualmente spostando la camera è il modo migliore per avvicinarsi al soggetto e non perdere l'inquadratura. Lo zoom è un componente tipico di ogni camera digitale. Le camere con ottiche intercambiabili, benché dotate di zoom, lo adottato in maniera ridotta perché ogni lente ha una propria lunghezza focale e profondità di campo, ciò significa che zoomare troppo o poco comporta uno sfocamento dell'immagine.

- Angolo di campo in funzione della lunghezza focale dell'obiettivo -

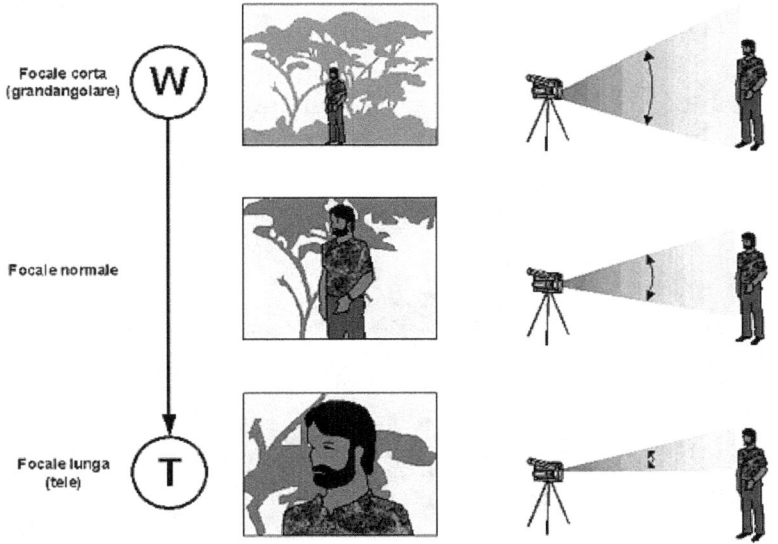

Focale corta (grandangolare) W

Focale normale

Focale lunga (tele) T

Sempre in relazione all'obiettivo, dobbiamo considerare la messa a fuoco, regolabile anche grazie allo zoom.

La messa a fuoco automatica libera dalla continua preoccupazione dell'aggiustamento del fuoco durante gli spostamenti del soggetto, ma le riprese possono sembrare ovvie e in qualche caso perdere la messa a fuoco in bruschi cambi di campo.

La profondità di campo è tutto ciò che è a fuoco nella nostra inquadratura rispetto al soggetto ripreso, questo valore dipende dalla lunghezza focale delle lenti o dallo zoom, dall'apertura del diaframma e dal punto di messa a fuoco.

Conviene quindi intervenire manualmente sulla messa a fuoco agendo sulla ghiera o sui pulsanti di messa a fuoco per creare anche quegli effetti di sfondo sfocato o cambio di fuoco da un soggetto all'altro che piacciono molto al pubblico e agli amanti della bella fotografia.

Nelle ottiche fisse la prima ghiera è quella del focus mentre la seconda è quella dello zoom. Naturalmente questi comandi possono essere utilizzati anche in maniera automatica utilizzando gli appositi pulsanti.

Tutto quello che sarà ripreso dall'obiettivo, potrete vederlo attraverso il mirino elettronico, in inglese view-finder, e lo schermo lcd posto a lato della camera. Spesso questo schermo è troppo piccolo e scarsamente realistico, è quindi buona cosa verificare la qualità dell'immagine sfruttando un collegamento tramite monitor tv.

Portiamo con noi un piccolo televisore, anche in bianco e nero, per verificare che la fotografia sia quella richiesta e che le riprese avvengano nel modo corretto.

Un altro elemento che ogni regista deve conoscere è il diaframma, strumento che regola la quantità di luce che affluisce nella videocamera attraverso l'obiettivo, fino a giungere sui CCD.

La regolazione del diaframma può avvenire manualmente agendo sulle impostazione dell'IRIS tramite i menù oppure automaticamente, spostando il comando nella posizione AUTOIRIS.

Il diaframma, oltre che sulla quantità di luce, incide anche sulla profondità di campo, ovvero quella porzione di spazio davanti e dietro il soggetto principale che, durante la ripresa, risulta a fuoco, cioè nitida. Essa risulta tanto più ampia, quanto minore è l'apertura del diaframma.

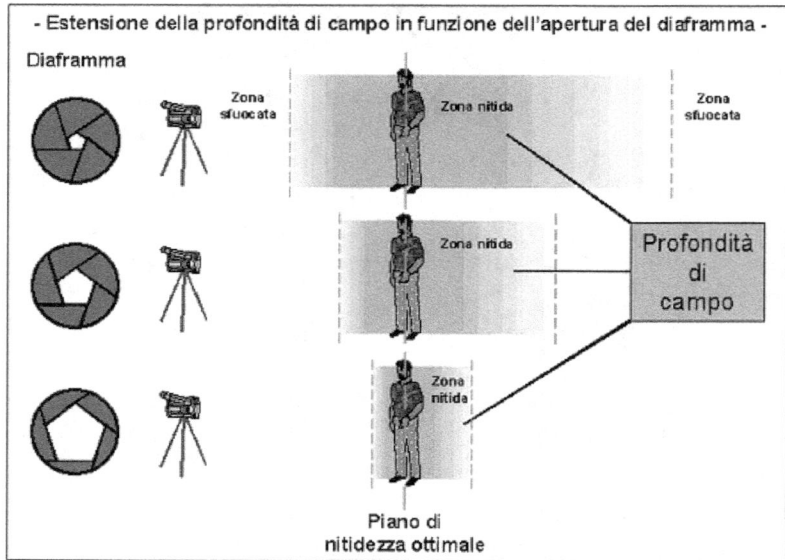

- Estensione della profondità di campo in funzione dell'apertura del diaframma -

Diaframma

Zona sfuocata — Zona nitida — Zona sfuocata

Zona nitida

Profondità di campo

Zona nitida

Piano di nitidezza ottimale

Con ottiche di lunghezza focale diversa come il tele obiettivo o il grandangolo, che ha una profondità di campo maggiore rispetto al teleobiettivo, possiamo notare come la zona di fuoco sia differente e quindi il soggetto si debba posizionare a distanze differenti dalla telecamera per essere a fuoco.[43]

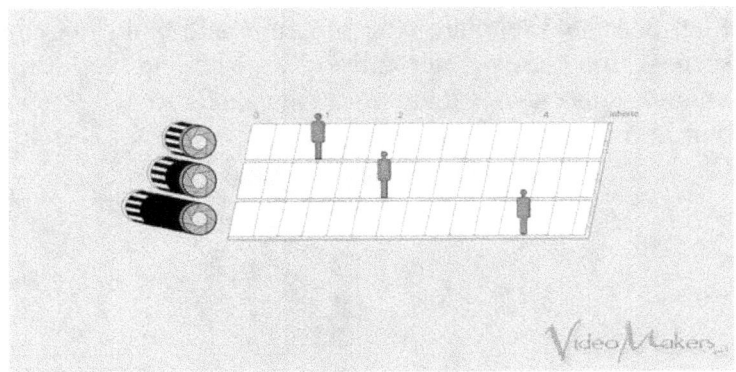

Un diaframma aperto riduce la profondità di campo e permette di sfruttare il cosiddetto "fuoco selettivo", molto utile per isolare un soggetto dallo sfondo, utile soprattutto nella ripresa di primi piani.

Una cosa importante per la fotografia è controllare sempre il bilanciamento del bianco, impostandolo manualmente, puntando su un foglio bianco l'obiettivo e utilizzando il comando di white balance presente sulla camera o il pulsante di preset.

<hr>

[43] T. St. J. Marner, 2003, *"Grammatica della regia"*, Lupetti editori, pp. 120-121

Utilizziamo il diaframma per regolare la quantità di luce che entra nel nostro obbiettivo e usando infine il comando nd filter possiamo regolare ulteriormente la luminosità della nostra scena con tre intervalli d'esposizione. Questi filtri interagiscono in maniera rilevante con l'esposizione dell'immagine.

Presa confidenza con il corpo macchina e con ciò che possiamo fare con le funzioni della nostra telecamera passiamo ad analizzare le inquadrature e i modi corretti di riprendere un soggetto.

Prima di parlare dei vari tipi di inquadrature è doveroso dire che quando creiamo un'inquadratura dobbiamo sempre dare un minimo di spazio, in gergo "aria", alla nostra immagine.

Ciò non significa però stringere troppo sul soggetto inquadrato e lasciare dello spazio intorno ad esso, anche in previsione di un futuro taglio sul frame. Questa è una regola della fiction e non sempre nel videoclip è tenuta in considerazione ma è bene sapere come costruire una buona inquadratura prima di realizzare inquadrature "creative".

Dobbiamo pensare inoltre che sugli schermi lcd del computer vedremo tutto ciò che comprende l'inquadratura mentre sugli schermi tv di casa l'immagine verrà tagliata ai lati.

Per questo motivo in fase di montaggio è bene utilizzare la griglia di sicurezza che mostra, in maniera ottimale, la zona che verrà tagliata nella trasmissione in tv.

Saper sfruttare il controcampo, il campo contro campo e anche la panoramica, la carrellata e conoscere come realizzare un piano sequenza è essenziale e riporta alla concezione di un linguaggio cinematografico professionale.

Oltre questi modi di riprendere bisogna saper creare il giusto "taglio" per le inquadrature.

Mostriamo ora quali sono le inquadrature che si possono attuare su un soggetto.

La prima è la figura intera (FI), che parte dalla testa e include anche i piedi, viene usata spesso per presentare un personaggio insieme anche ad una panoramica dal basso verso l'alto e comprende una zona d'aria sopra e sotto il soggetto.

Dalla FI si passa al piano americano, chiamato così per l'ampio uso che ne hanno fatto i film americani nel genere western. Si effettua il taglio all'altezza delle gambe o all'altezza del ginocchio e si da un po' d'aria in testa.[44]

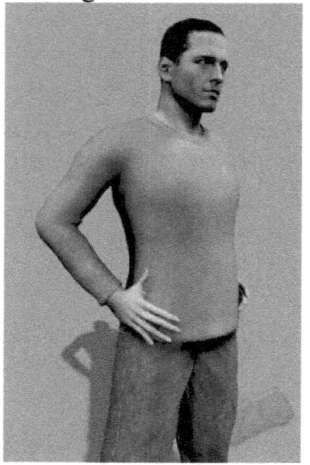

Stringendo ancora di più si passa al mezzo busto, un'inquadratura molto usata nel linguaggio audiovisivo per dare espressività al personaggio, valorizzando anche i movimenti del corpo e delle mani. Si effettua tagliando l'inquadratura all'altezza dello sterno o dell'ombelico.

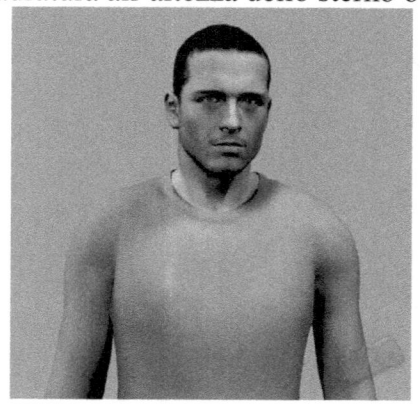

[44] T. St. J. Marner, 2003, "*Grammatica della regia*", Lupetti editori, p. 76

Per aumentare il livello di espressività del personaggio si usa il mezzo primo piano, poco considerato perché è una via di mezzo tra primo piano e mezzo busto ma utilizzato abbastanza spesso.

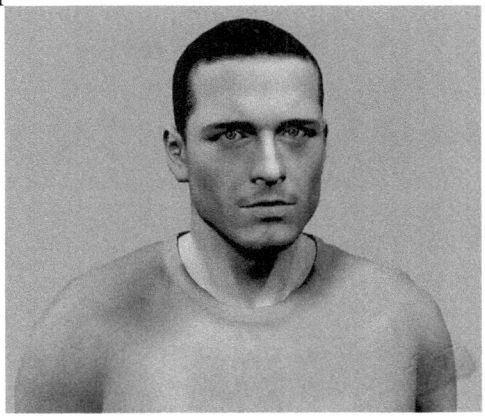

Ora definiamo una delle inquadrature più espressive e usate del linguaggio audiovisivo, il primo piano. Scelto per dare risalto al volto del soggetto e alla sua mimica, partendo dal filo delle spalle è, assieme al primissimo piano, una delle inquadrature che danno maggiore caratterizzazione al personaggio.

Importante è avere sempre il mento nell'inquadratura quando si parla di queste inquadrature.

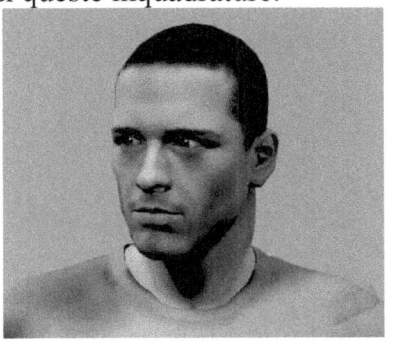

Se poi stringiamo ancora di più sul soggetto arriviamo a creare un particolare o un dettaglio.

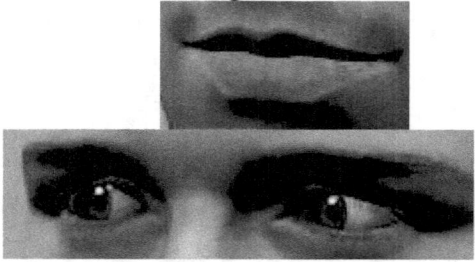

La differenza tra particolare e dettaglio è che nel primo caso viene riferito a una persona o a un animale e nel secondo caso ad oggetti o cose inanimate.

In conclusione con questa figura rivediamo tutte le tipologie di inquadratura e le loro abbreviazioni da usare nei documenti di pre-produzione.

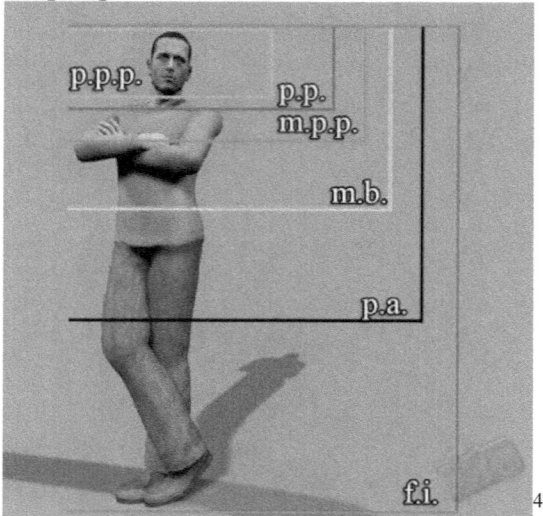

[45]

---

[45] Immagini tratte da < http://www.videomakers.net/>

Spostandoci dal nostro soggetto e diventando i "suoi occhi" si può parlare di soggettiva.

Si dice soggettiva quando la camera diventa "l'occhio del protagonista".

Deve trasmettere allo spettatore la sensazione che sia il protagonista stesso a camminare, a guardare o a compiere un'azione, importante è che l'altezza della camera corrisponda all'altezza degli occhi del protagonista sennò si ha un errore e non si parla più di soggettiva.[46]

---

[46] C.Carlizia, 1992, "*Come fare un buon video*", De Vecchi editore, pp. 44-50

Prima abbiamo parlato di "aria", con questo termine indichiamo uno spazio sopra, sotto, a lato del soggetto o dell'oggetto inquadrato che conferisce maggiore respiro all'inquadratura. Si può dare poca o molta aria a destra, a sinistra, in testa o ai piedi. Nelle inquadrature successive abbiamo un esempio di giusto spazio dato all'inquadratura e di come si può sbagliare dando troppa aria ad un lato in particolare.

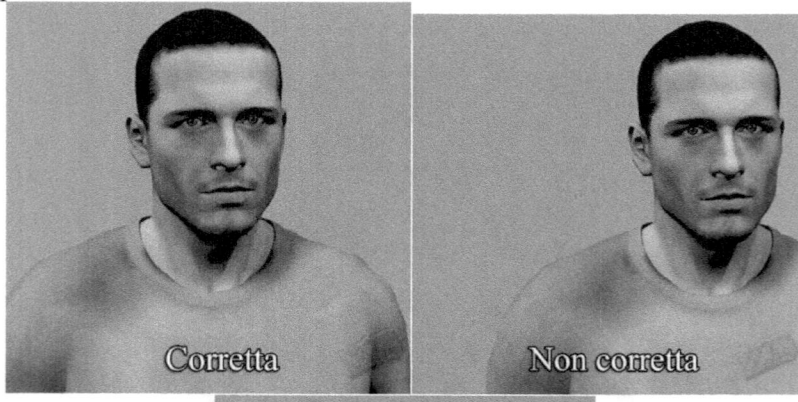

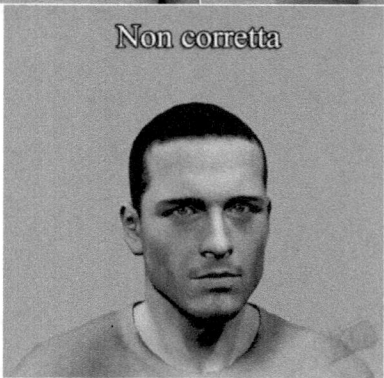

Ci sono delle eccezioni da tenere presente: lo sguardo e la postura del corpo determinano l'aria da dare al soggetto.

Lo spazio a destra o a sinistra del soggetto è da considerarsi un errore almeno che questo non stia guardando in una certa direzione o si muova verso qualcosa, se dobbiamo spostare una persona e posizionarla nello spazio dell'inquadratura, in questi casi, dovremo dare aria per creare una continuità cinetica al movimento e all'inquadratura.

Se sta andando a sinistra daremo aria a sinistra e se va a destra la daremo a destra dell'inquadratura.

Quando poi si riprende di profilo o di tre quarti una persona, bisogna dare lo spazio davanti al viso e portare la nuca o tutto il corpo al limite dell'inquadratura.

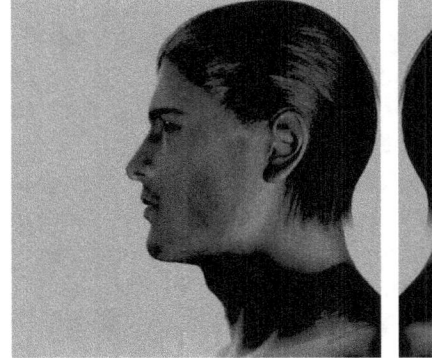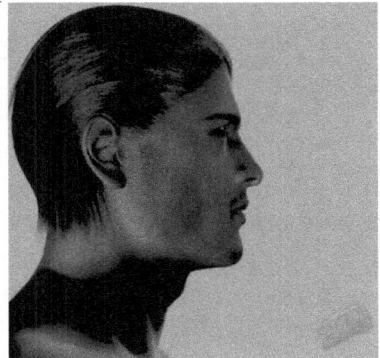

Come si può notare il profilo della persona si appoggia al margine dell'inquadratura, questa regola deve essere sempre rispettata anche in caso di figura intera e a maggior ragione quando si ha l'inquadratura di due persone che si guardano di profilo. [47]

---

[47] *M. Siringo, "L'inquadratura"*, Disegni 3D di Erregi,
<http://www.videomakers.net/>

Questa tecnica è utile per riempire l'inquadratura e focalizzare l'attenzione sui soggetti.

In un incontro tra due persone che si guardano faccia a faccia occorre posizionare la telecamera in un modo particolare che permetta di avere sia da un lato che dall'altro il medesimo taglio dell'inquadratura. Quando si parla di situazioni del genere si deve per forza fare menzione al "campo di ripresa".

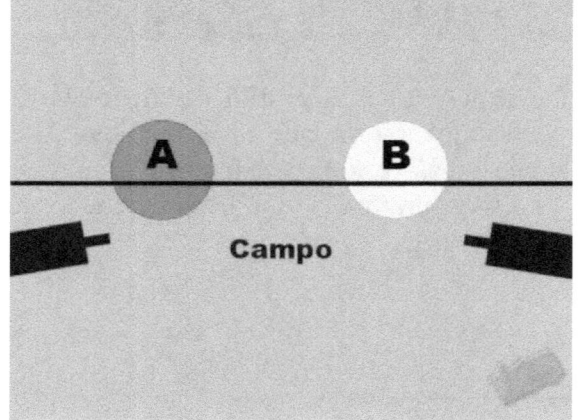

Immaginiamo di vedere la scena dall'alto, i due personaggi (A e B) si guardano frontalmente. Dobbiamo tracciare una linea retta immaginaria che taglia in due l'inquadratura, a circa metà testa, in questo modo si ottiene il campo di ripresa.

Le due telecamere devono posizionarsi dalla stessa parte del campo e non devono mai scavalcare la linea immaginaria sennò si avrebbe un errore chiamato scavalcamento di campo.

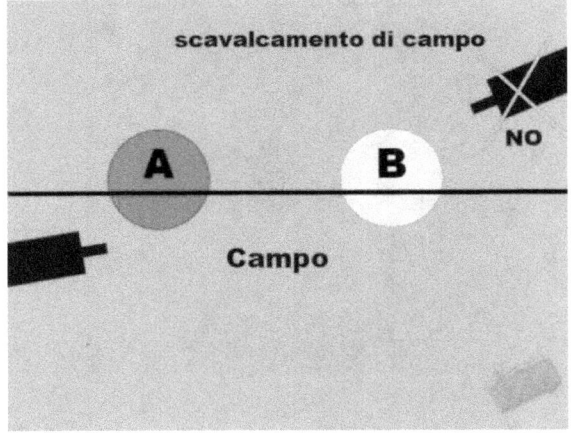

Un errore grave perché lo spettatore ad un certo punto non riesce più a capire dove il personaggio A sta guardando e dove è collocato realmente nella scena.

Qui sotto un campo - controcampo correttamente realizzato.[48]

[48] T. St. J. Marner, 2003, "*Grammatica della regia*", Lupetti editori, pp. 104-110

Nel campo e controcampo si tiene lo stesso taglio di inquadratura o in caso di necessità una delle due inquadrature può essere più larga.

Per ultima, ma non di minore importanza, parliamo dell'inquadratura in totale e dei campi.

Il totale è come dice la parola stessa "la totalità della scena", viene usato spesso negli spettacoli e serve per far vedere allo spettatore la complessità della scena e la posizione dell'interprete nella scena stessa.

Quando invece non vogliamo realizzare un totale, si crea un'inquadratura più contenuta che viene detta in gergo "totalino".[49]

Infine diamo qualche snapshot dei campi.

Il campo medio è un'inquadratura dove l'ambiente circostante o la scenografia sono ben visibili nella scena.

Il campo lungo invece è inquadratura in esterna, che nella sua profondità mostri, oltre a svariati dettagli ambientali, situazioni attinenti alla trama.

---

[49] M. Siringo, "Filmare con il video" <http://www.videomakers.net/>

Per ultimo poi c'è il campo lunghissimo, inquadratura a larghissima visuale dove il soggetto della ripresa si perde nella scena.

Questa inquadratura, in base a come viene usata, viene anche detta "panorama o gran totale".

Gli ultimi termini e tecniche che dobbiamo conoscere e saper usare sono elencate di seguito.

La panoramica, cioè lo spostamento della camera sul suo asse orizzontalmente che avviene generalmente da sinistra a destra.[50] Molto simile alla carrellata ma usata solo con inquadrature con grande profondità di campo.

Il tilt invece è il movimento in verticale della camera, sempre sul suo asse, dall'alto al basso o viceversa. Questa inquadratura è solamente descrittiva affiancata anche alla figura intera e deve essere usata con parsimonia per non sforzare troppo lo spettatore.

La carrellata, ovvero quel movimento in orizzontale della camera posta su di un binario o su ruote, viene usata nel

---

[50] C.Carlizia, 1992, *"Come fare un buon video"*, De Vecchi editore, pp. 51-60

seguire una camminata di un soggetto, nel videoclip può essere usata anche per una sequenza in cui l'artista cammina o balla attraversando vari fondali.

Nel videoclip generalmente si riprende il performer o il gruppo con una figura intera, per passare poi a primi piani e dettagli degli strumenti.

Quando riprendiamo un videoclip cerchiamo di usare un piano sequenza da poter poi spezzare in montaggio. Questo per avere un ciak completo del brano senza spezzettamenti vari, utile per montare il video senza paura di rimanere senza una scena.

Il piano sequenza è un'inquadratura, temporalmente molto lunga, in cui non si stacca mai la camera, in pratica è una ripresa, senza pause, di una scena. Questo genere di ripresa viene usata come base narrativa su cui poi vengono aggiunti pezzi di ripresa e inquadrature varie.

Saper utilizzare correttamente queste inquadrature ci serve per poi sconvolgere il sistema di ripresa e creare uno stile unico e inimitabile.

4.6 Si gira e rigira

Quando effettuiamo i ciak non dobbiamo mai lesinare sul materiale girato. Quando giriamo quaranta minuti o un'ora sul set dobbiamo renderci conto che alla fine avremo tre o quattro minuti buoni per il videoclip. Ovviamente è bene effettuare delle prove per prepararci a effettuare i movimenti di macchina e le inquadrature e non sprecare inutilmente del nastro.

Iniziamo a girare quindi, sistemiamo tutto per la scena, mostriamo al performer come ci muoveremo e come deve interagire con la telecamera, chiamiamo il ciak, partiamo con il motore e azione.

Come prima cosa, realizziamo le riprese del nostro cantante, ottenendo così tutto quello che riguarda il playback o la performance artistica. Ovviamente se abbiamo più riprese nella location in cui giriamo la scena cantata è meglio ottimizzare i tempi e girare anche le altre.

Ricordiamoci di segnare su un registro tutti gli errori e le scene buone, per non impazzire durante il montaggio, lavoro che dovrebbe fare un'assistente di regia.

Quando giriamo queste scene cerchiamo di non essere quasi mai immobili, diamo dinamicità alle riprese muovendoci costantemente e giocando, oltre che con le luci, con le zoomate e la messa a fuoco. Un piccolo suggerimento è quello di realizzare vari ciak della performance per poter avere grande scelta di inquadrature durante il montaggio.

Dopo aver girato con il nostro performer passiamo a riprendere tutte le altre scene del videoclip.

Spostiamoci con tutta la troupe, sistemiamo nuovamente il set e giriamo di nuovo.

Otterremo così, dopo molto fatica, il nostro girato completo, pronto per il passaggio al montatore della post produzione.

Quando giriamo nel formato DV si parla sempre di avere a disposizione due, tre o più cassette che poi andranno riversate tramite un lettore DV, o semplicemente usando la nostra telecamera in modalità VCR/PLAY, sul computer per poi lavorare il girato nel software di editing.

Se invece abbiamo scelto il formato digitale su card come l'SD o il formato AVC o P2 ad alta definizione, ci basterà inserire la scheda nel lettore apposito e copiare il girato in una cartella sul computer.

La cosa che non deve mai mancare durante le riprese, oltre alla continuità e il supporto su cui girare è la pazienza. A volte ci toccherà girare una scena più volte anche solo per problemi di cali di tensione o distrazioni del cantante o della troupe. È bene ricordare che se in quel giorno il cantante è indisposto o non è nella sua forma migliore, è meglio rimandare al giorno dopo le riprese per non girare inutilmente.

Giriamo e rigiriamo le nostre scene finché non siamo completamente soddisfatti.

Essenziale infine è avere molto spazio nel nostro hard disk, procurarsi un hard disk esterno da almeno 1 Tb (1000 gb) non è una cattiva idea.

Buona regola però è tenere sempre da parte, per ogni possibile inconveniente tecnico, il master del girato, ovvero la cassetta minidv, spostando la linguetta da rec a save e inserendola nel nostro archivio di studio.

4.7 Pensare al montaggio durante le riprese

Mentre seguiamo la sceneggiatura e proseguiamo con le riprese è importante non scordarsi mai di leggere attentamente le note che indicano l'inserimento di effetti speciali in post produzione.

Dobbiamo avere ben chiaro in mente come costruire l'inquadratura e immaginare, grazie anche allo storyboard, come risulterà, dopo l'aggiunta degli effetti speciali, la nostra scena.

Per non sbagliare è sempre meglio avere l'esperto di effettistica sul set. Creiamo l'inquadratura seguendo i consigli e le indicazioni di questi esperti e giriamo in tranquillità.

Generalmente se il lavoro in produzione è stato fatto correttamente, in post produzione il regista non fa altro che essere il supervisore della costruzione narrativa del videoclip, allo stesso modo la figura del direttore della fotografia non ha grandi compiti lavorativi in post produzione, in alternativa però se si sono verificati errori durante le riprese, occorre effettuare cambi e correzioni.

Un cambio molto delicato è quello della color correction dell'immagine, un passo fondamentale per correggere sovraesposizioni, sottoesposizioni ed errori di colorimetria. Di questa modifica si deve occupare l'esperto del software affiancato dal direttore della fotografia, insieme infatti riusciranno a dare all'immagine la colorimetria desiderata.

La tendenza sul set, per non avere problemi di sovra o sotto esposizione, è quella di girare con il diaframma sempre un po' più aperto perché è più semplice oscurare un'immagine sovraesposta che schiarirne una sottoesposta. Ma questa regola può anche essere invertita se si vuole dare maggiore contrasto all'immagine per preoccuparsi solo di modificare il tono del colore poi.

Giriamo sempre pensando a tutte le scene che si intervalleranno tra di loro, anche se naturalmente avremo ogni scena suddivisa in ordine di location.

Principalmente infatti è bene girare le scene di ogni ambiente tutte di fila, anche se poi saranno temporalmente molto distanti nel video finale, questo per accorciare i tempi di allestimento del set e spostamento della troupe e del cantante.

Giunti a questo punto abbiamo girato con la nostra camera delle immagini che ancora non hanno un senso compiuto. Per dare questo senso dobbiamo passare alla fase successiva la produzione, ovvero la post produzione.

Capitolo 5.La post produzione

5.1 Il software di montaggio

Per post produzione si intende il cordone di processi lavorativi che partono dall'acquisizione del girato, al montaggio dei clip e infine al rendering del videoclip finito.

Prima di tutto dobbiamo parlare del software con cui intendiamo acquisire il girato ed effettuare l'editing video. La domanda che si pongono tutti è, qual è il migliore software per il montaggio? La risposta è semplice, dipende dal nostro lavoro.
La domanda giusta sarebbe, quale software è più adatto per il tipo di lavoro che devo svolgere e per le mie capacità?
Saper pesare il proprio know how di montatore e le nostre conoscenze in ambito informatico è molto importante, altrimenti rischieremmo di acquistare un software molto costoso e che ci costerà un enorme dispendio di tempo per imparare ad usarlo correttamente.

Per prima cosa è necessario stabilire il nostro budget, difficilmente possiamo inserire le spese per l'acquisto di un nuovo software per il nostro studio tra le voci di spesa presentate al direttore di produzione. Il software è una cosa che servirà solo a noi e almeno che non montiamo il filmato con computer messi a disposizione dalla produzione, dovremo farlo con i nostri mezzi.

In ambito di software per audiovisivo i leader, in quanto a fama e prestazioni, sono principalmente tre case produttrici: la Apple con Final Cut, la Sony con Vegas pro e Avid con l'omonima piattaforma leader del cinema hollywoodiano.

La prima cosa da dire quando si parla di software di montaggio è fare distinzione tra il semplice software e la piattaforma dedicata.

La prima categoria corrisponde al semplice cd di installazione che compriamo anche nei negozi di informatica o su internet e che ci da la possibilità di avere il software sul nostro pc, per acquisire, montare e masterizzare.

Ma le prestazioni di un software del genere, benché valide, non saranno mai alla pari di una piattaforma dedicata.

L'integrazione di software di montaggio con i componenti hardware moltiplicano a dismisura la velocità del software e le sue prestazione.

Oggi l'uso di piattaforme dedicate è riservato ai professionisti e al mondo del cinema ma avere a disposizione uno studio di montaggio con ottime qualità può farci apparire dei veri professionisti di fronte ad un potenziale cliente.

Anche se non avessimo le possibilità economiche di avere uno studio di montaggio hardware e software, con un computer che monti almeno 4GB di ram, scheda video da 512MB in HD e un processore di almeno 3.0 GHz si possono montare tranquillamente prodotti di ottima qualità, naturalmente la scheda grafica e le porte di input e output di schede professionali influiscono sulla qualità del girato.

Unico consiglio è quello di non lesinare sulla capacità dell'Hard Disk e procurarsi anche delle memorie esterne da 1Tb o più. Creare progetti complessi, come quelli dei videoclip, con molte tracce ed effetti grafici di alta qualità occupa davvero un sacco di memoria ram e hdd.

Scegliere il software di montaggio dipende dalle nostre conoscenze ma, al di là del fatto che possiamo avere anche del tempo per studiare il software, è bene sapere le potenzialità dei più famosi e potenti programmi di montaggio. [51]

ADOBE PREMIERE PRO: è un software professionale venduto dalla Adobe, molto diffuso, le ultime versioni se affiancate agli altri programmi della suite Adobe come Soundbooth per l'audio, After Effects per l'effettistica, Device Central per creare video multipiattaforma, SpeedGrade per la color correction, OnLocation e Encore per finalizzare e creare vari formati video e dvd lo rendono parte di una suite essenziale per il professionista. Il software non è molto costoso e generalmente già la versione di base ha abbastanza plug-in da esserci utile.

Questo programma lavora principalmente usando le capacità del nostro computer e chiede molta pazienza nei caricamenti e nel rendering output. Nel complesso però è già utile per montare brevi filmati, spot e alcuni generi di videoclip, dato che le ultime versioni supportano l'alta definizione del video digitale, se abbiamo una buona scheda grafica.

Consigliato a chi sa già usare le tecniche di montaggio e vuole perfezionare le sue conoscenze. [52]

Premiere è molto pratico e utile per chi lavora in piccole-medie produzioni, specialmente se si ha una predilezione per l'uso della grafica.

Infatti sia il famoso Photoshop che After effects sono assai utili quando si tratta di lavorare su elaborazione di frame o modifiche che riguardano la grafica.

---

[51] *"Video editing: quale programma scegliere"* <http://www.montaggio-video.it/Guide/Guida_Montaggio_software.htm>

[52] *"Cos'è Adobe Premiere Pro"* <http://www.adobe.com/it/products/premiere/whatispremiere/>

Con le nuove estensioni e potenziamenti inoltre le ultime versioni sono in grado di lavorare con file di progetto di piattaforme come Final Cut e Avid.[53] Per il nostro lavoro di registi questo programma potrebbe essere l'ideale.

FINAL CUT STUDIO di Apple: la scelta dei professionisti, offre editing non lineare digitale a elevate prestazioni, supporto nativo per pressoché ogni formato video e versatilità e interoperabilità senza rivali.[54]

Che lavoriate da soli o collaboriate con un team, Final Cut vi offre più opzioni creative e controllo tecnico che difficilmente altri software, senza piattaforma hardware, possono dare.

Final Cut nelle sue versioni, Express, Pro e Studio vi consente di montare tutto, da DV, IMX e SD non compresso a HDV, XDCAM HD, DVCPRO HD e HD non compresso. A differenza degli altri programmi inoltre, acquisisce i contenuti HDV e li mantiene nel formato originale, senza causare perdite dei dati sorgente effettuando grosse compressioni.

Il pacchetto completo di questo programma è composta da Final Cut Pro, Motion, Soundtrack Pro e DVD Studio Pro. Come per Premiere questo software si collega ai programmi della sua suite per lavorare ogni settore dell'audiovisivo, dall'audio all'effettistica. Una pecca è che è solo per piattaforma Mac mentre Premiere e gli altri programmi sono reperibili sia per Mac che per Windows.

AVID MEDIA COMPOSER: La casa produttrice di AVID ha creato una serie di versioni di questo conosciutissimo programma per il cinema e per i fruitori consumer.

---

[53] *"Adobe mercury engine"*
<http://www.adobe.com/it/products/premiere/performance/>
[54] *"Final cut pro"* <http://www.apple.com/it/finalcutstudio/finalcutpro/>

La versione base è poco costosa e monta con standard di qualità, se abbiamo un alto budget possiamo acquistare piattaforme di montaggio Hollywoodiane che ci permettono di fare proprio tutto. Avid è un software potentissimo per quanto riguarda l'effettistica, basti pensare che film come il primo Jurassic park diretto da Steven Spielberg e il campione di incassi Avatar di James Cameron sono stati montati con una versione professionale e potente di questa piattaforma.[55]

Il potente editor video di Avid Liquid è quello che più si avvicina a queste mirabolanti prestazioni con costi relativamente nella norma.

Come ogni piattaforma di alto livello gestisce tutti i formati, anche il nuovo HD 3D ed è in grado di creare DVD altamente professionali senza perdite di qualità. Diciamo subito che almeno non sia vostra intenzione produrre videoclip ad alto livello questo software può essere molto costoso e complicato da utilizzare alla perfezione.

SONY VEGAS PRO: Un grande laboratorio di montaggio ed effettistica, comprende Vegas 7, DVD Architect 4, and Dolby Digital AC-3 software di codifica che offre funzioni per tutte le fasi della produzione professionale, audio, DVD, and broadcast.

Consente l'editing di vari formati DV, HDV, SD/HD-SDI, e XDCAM. L'interfaccia di Vegas 7 offre una completa e personalizzabile area di lavoro per soddisfare i più complessi requisiti della produzione. Dall'acquisizione alla consegna, dalla fotocamera al Blu-ray Disc, la suite completa di Vegas Pro fornisce tutto il necessario per produzioni professionali.[56]

---

[55] *"Il prodotto Avid hd"* <http://www.aviditalia.it/products/>

[56] *"Vegas pro 9"* <http://www.sonycreativesoftware.com/vegaspro>

EDIUS: il software di editing non lineare di Canopus, fornisce all'editor la possibilità di gestire in tempo reale l'editing su formati misti HD / SD e lavora con moltissimi formati video, inclusi DV, HDV, AVCHD, uncompressed, Blu-ray, Canopus HQ, Canopus Lossless, Canopus DV, DVCPRO 50, DVCPRO HD, HDV, Ikegami GFCAM, Infinity JPEG 2000, Microsoft DV, MPEG-1, Stream MPEG-2, P2 (SD e HD), VariCam, QuickTime,, XDCAM (SD e HD), Non compresso e Windows Media.[57] Molto leggero e semplice è utile per chi non conosce bene le regole del montaggio ma vuole avvicinarsi a questo linguaggio.

Tutti questi supporti sono quelli che potremmo incontrare durante le riprese e il montaggio.

Queste piattaforme hanno talmente tanti effetti e plug-in, oltre a programmi per la soundtrack e l'effettistica che farebbero gola ad ogni casa di produzione cinematografica. Ma se non possiamo avere a disposizione il top, non è detto che non si possa creare un prodotto broadcast.

Vediamo ora alcuni snap shot di come è strutturata la schermata di un software di montaggio e come si utilizzano le funzioni base.

Ad esempio vediamo l'interfaccia di AVID, considerando che la maggior parte delle finestre e componenti sono presenti in quasi tutti i programmi di montaggio professionale, basta elencare i componenti base di uno solo per elencare quelli di tutti.

---

[57] *"Più potenza velocità per il nuovo Edius"*
<http://www.gruppotnt.com/it/nle/grassvalley-edius.html>

Nella schermata principale abbiamo la finestra dei video source e di output. Abbiamo quella delle sequenze, una che comprende le cartelle o bin del progetto e una per i video, i suoni e le immagini caricate.

Successivamente possiamo aprire l'area di lavoro predefinita per gli effetti audio, la color correction o altri effetti video, l'acquisizione e l'esportazione.

Cercando tra i vari menù potremo trovare anche le impostazioni video del progetto, le transizioni e tutte le icone con gli strumenti di montaggio. Buona regola è imparare i comandi tastiera più elementari del software e, se il software è in lingua originale, avere una buona conoscenza dell'inglese.

Nell'interfaccia di ogni programma di montaggio troviamo:

La barra degli strumenti con i vari menù, dai più comuni come File e Windows, fino a quelli utili principalmente al software come Bin e Clip.

Sotto questa barra, e a lato dello schermo comparirà la finestra che contiene i dati e le potenzialità del programma come transizioni video/audio e effettistica varia.

Solitamente il programma ci mostra due schermi. A sinistra quello delle scene da visionare e markare, la fonte o source video, a destra quello del montaggio e del prodotto finale.

Sotto queste finestre ci sono le sequenze video e audio su cui andremo a lavorare tagliando e accostando i vari clip.

Quando importiamo un video nel programma, una volta selezionato l'In e Out della porzione da lavorare lo importeremo in una sequenza e questo clip ci comparirà sulla time-line come un rettangolo che potremo accorciare e su cui saremo in grado di inserire titoli e incollare altri clip.

Tutti i programmi di montaggio hanno le funzioni di modifica del clip sulla time line, nel menù di riferimento troveremo le icone riguardanti la selezione o la modifica del clip come: la lametta, utile per tagliare il clip sulla time line, lo strumento sovrapponi clip, lo strumento sovrascrivi clip, lo strumento slittamento o trascinamento, utili per cambiare le impostazioni di in o out del filmato senza cambiare la durata e poi tante altre funzioni da scoprire una per una sperimentando e studiano il software.

Un buon metodo di lavoro quando si deve montare un audiovisivo è creare sempre una cartella per ogni tipologia di file, che sia audio, video, immagini o titoli.[58]

Qui sopra potete vedere quanto possa essere complessa l'interfaccia video una volta caricate le scene e selezionati i clip.

Molti montatori esperti preferiscono montare il filmato per scene e poi esportare le scene come sequenze di immagini da passare poi nel software di effettistica e poi esportare nuovamente tramite Quicktime reference, importando il leggerissimo file di collegamento nel software di finalizzazione come Sorenson Squeeze ed esportando il file codificato con la risoluzione e codec desiderato.

Imparare a montare e usare strumenti base come il crop, i fotogrammi chiavi e la correzione dell'immagine sono cose importantissime per essere in grado di progredire nella professione di montatori e capire come si monta a livello professionale.

---

[58] R. Doloretti, Maurizio R., *"L'acquisizione e i formati video e audio"* <http://www.moviemakers.it>

Per iniziare a provare e scoprire tutte queste caratteristiche e anche oltre potrete anche scaricare una versione di prova, per 30 giorni, di uno di questi programmi e valutare voi stessi qual è più adatto a voi.

Non abbiate scrupoli nell'utilizzare guide online e il pannello Help presente in ogni software, trovare tutte le risposte ai vostri quesiti non è complicato, basta leggere il manuale e le istruzione per capire come funziona correttamente qualsiasi software di video editing e imparare ad usarlo.

Montare scegliendo il software adatto a noi significa partire già avvantaggiati e risparmiando tempo.

5.2 L'acquisizione

Terminate le nostre riprese, è tempo di riversare il girato su HDD, l'acquisizione dei clip può essere effettuata tramite lettura diretta del nastro dalla camera, dalla scheda o meglio ancora da un buon lettore che trasmetta tramite firewire o USB 3.0 al pc.

Apriamo il nostro progetto, diamo le impostazioni della composizione nel software di montaggio e clicchiamo su cattura, si aprirà un'interfaccia di cattura per il video, diamo il play, o in e out di acquisizione e poi premiamo rec.

Ora vediamo in concreto come si collega la camera al pc.

Se non abbiamo un lettore di schede cerchiamo nel nostro pc la porta firewire e colleghiamo il cavo, a telecamera spenta, poi al pc e accendiamo la camera.

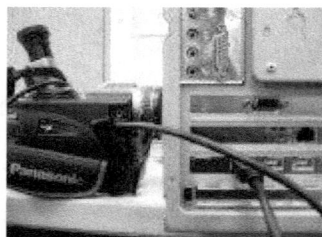

Il collegamento può essere effettuato anche mediante il cavo diretto usb, ovviamente questo procedimento è più lento e in certi casi corrisponde anche ad una perdita di qualità del girato.

Accesa la camera il pc riconoscerà automaticamente la periferica e potremo iniziare a riversare il girato nel progetto.[59]

È sempre meglio acquisire tramite firewire, è chiaro che questo cavo è molto più veloce ed utile di una usb.

Generalmente si usa il cavo denominato firewire 400 ma ultimamente è disponibile anche il nuovo modello 800 che appunto raddoppia la velocità di trasferimento ma non tutte le camere hanno un'uscita adatta a questo nuovo standard.

Il cavo si collega alla camera e al pc per l'acquisizione del girato ma c'è anche la possibilità di utilizzare un lettore di miniDV.

Tutti questi procedimenti, attacco e stacco di cavi e dispositivi, andrebbero fatti a macchine spente per non rischiare di sovraccaricare il circuito e bruciare qualche cavo e, ancora peggio, bruciare le interfacce audio-video del lettore o del pc.

Tramite pc si può acquisire anche da schede come le SD o le P2 e tramite attacchi professionali ad alta definizione video.

Dopo aver effettuato queste operazioni "manuali" e aver messo il settaggio della camera su VCR, ovvero sulla modalità di lettura, apriamo il progetto nel nostro software di montaggio.

Il mio consiglio, per una produzione di medio-alto livello è usare un buon software AVID che usa i codec DV PAL per PC o il buon vecchio FINAL CUT che codifica in Quicktime per MAC, così da non avere troppa perdita di qualità quando andremo a lavorare sul progetto.

---

[59] B. Long, S. Schenk, 2005, "*Video digitale Il manuale*", 2a ed. Milano, Apogeo pp. 165-166

Ora, dopo che la camera è stata rilevata dal sistema, "catturiamo" il girato, da questo momento il filmato viene riversato direttamente sull'hard disk tramite lettura diretta dal nastro, impiegando più o meno lo stesso minutaggio.

Alla fine dell'acquisizione nel progetto in lavorazione apparirà una sequenza con l'intero minutaggio. Se il software lo permette potremmo anche acquisire il girato suddividendolo immediatamente per ciak, in modo da avere nella schermata dei clip ogni scena divisa in base agli stacchi che abbiamo attuato durante le riprese.

Ricapitolando, se acquisiamo dalla camera dobbiamo mettere il comando su VCR, se invece lo facciamo da un lettore multimediale ci basterà collegare i cavi al pc e mettere il dispositivo sulla modalità di lettura e trasmissione dati.

Un'altra tecnica molto utilizzata, per le telecamere che registrano in HD, è l'utilizzo di Card.

Di supporti magnetici, denominati card, ne esistono vari tipi, le Sd o P2 sono le più conosciute per le videocamere ad alta definizione. Queste schede permettono una riduzione dei tempi di acquisizione dato che basta inserire il supporto magnetico in un semplice card reader, attendere che sia rilevato e copiare tutto il girato dalla card al computer.

Per acquisire il nostro girato procuriamoci, appena possibile, un lettore per cassette DV e non utilizziamo troppo la videocamera che col tempo è soggetta a usura.

Al momento sono disponibili svariati tipi di lettori, alcuni più semplici che leggono e scrivono solo le cassette DV a quelli che possono registrare i dati su un hard disk interno e permettono di leggere altri formati come i dvd, i vhs i Betacam e i nuovi supporti magneti su card.

Naturalmente questi lettori sono costosi e non sempre si è in grado di acquistarli al'inizio del nostro lavoro. Se il registratore è in grado di acquisire il filmato sul suo HDD interno abbiamo una sicurezza in più, dato che la possibilità di avere una copia del master su un supporto in più ci aiuterebbe nel caso perdessimo la cassette o il materiale acquisito sul computer. Per far fronte a questo problema è consigliabile acquistare un sistema di Hard disk doppi che registrano in contemporanea i file utilizzando un HDD come primario e uno come Backup nel caso in cui il primo salti.

Per iniziare a lavorare all'editing ci occorre: l'intero girato, il brano del videoclip in qualità AIFF o WAV, la sceneggiatura o la scaletta per avere la traccia di partenza per montare e le indicazione su tutti gli eventuali effetti speciali da inserire poi.

Quando lavoriamo a un video dobbiamo fare sempre attenzione allo standard di lavoro.

Quello europeo usato attualmente è denominato PAL, uno standard che trasmette i dati video in modo interlacciato, cioè a linee/bande verticali continue a 24-25 frame al secondo, lo standard americano invece è l'NTSC che trasmette in maniera progressiva, ma anche interlacciata, a 29-30 frame al secondo.

Generalmente per il film lo standard è di 24 fps e si gira in pellicola, la qualità infatti è molto più alta.

Il formato AVI standard 4:3 è 720x576 (25fps) DV PAL.

Il formato AVI NTCS invece è 720x480 (30fps).

Inoltre cambia la grandezza dei pixel. Nello standard 4:3 è 1,09 invece nel 16:9 è 1,46 e cambia in base alla risoluzione del filmato e alla camera che utilizziamo. Vedremo questi e altri formati qualche capitolo più avanti.

Altri formati, meri contenitori di file video, sono l'mpg2 qualità dvd o il migliorato mpg4, l'h.264 ovvero l'alta definizione, il MOV per le macchine Apple per il lettore quicktime e il formato flv, che "pesa" meno bite, per la fruizione su internet.[60]

I codec utilizzati per questi e altri contenitori sono tantissimi, i migliori per noi sono i DV Pal senza perdite e quelli che mantengono una gamma di colori il più ampio possibile.

Generalmente si usano codec che attuano un sotto campionamento dell'immagine agendo su un valore luminanza (**Y** 4:2:2) e due componenti cromatiche (**Cb** e **Cr** 4:2:2). Questi schemi di sotto campionatura incidono sul peso del file video.

Lo schema di sotto campionatura è normalmente indicato con una notazione a tre cifre, 4:2:0, 4:2:2, ecc.

Per calcolare la larghezza di banda necessaria rispetto a un segnale 4:4:4 (o 4:4:4:4), si sommano tutti i fattori e si divide il risultato per 12 (o per 16 se c'è un canale alfa).

Qui sotto un esempio visivo di come questi valori incidano sul degradamento del'immagine.

---

[60] B. Long, S. Schenk, 2005, "*Video digitale Il manuale*", 2a ed. Milano, Apogeo pp. 27-29

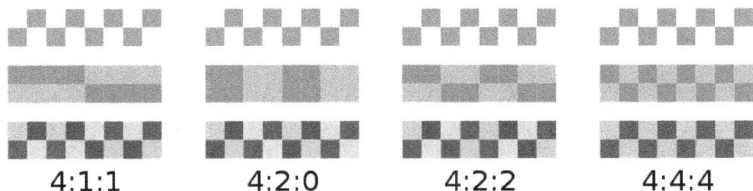

4:1:1   4:2:0   4:2:2   4:4:4

Il sottocampionamento può essere di vari tipi, tutto dipende dalla qualità del codec, i principali tipi di sottocampionamento sono i seguenti:

8:4:4 Y'CbCr Ognuno dei due componenti di crominanza, Cb e Cr, è campionato alla stessa risoluzione, e il luma al doppio di questa. Questo schema è usato in telecinema per pellicole di alta gamma e correttori di colori.

4:4:4 Y'CbCr Ognuno dei tre componenti è campionato alla stessa risoluzione. Questo schema si usa negli scanner di alta gamma e nella post produzione cinematografica.

4:2:2 I due campioni di crominanza sono campionati alla metà della risoluzione della luminanza, dimezzando la risoluzione cromatica. Questo riduce la banda del segnale video di un terzo senza quasi perdite percettibili.

Molti formati video di alta gamma usano questo schema, come il Digital Betacam, DVCPRO50, DigitalS.

4:2:1 Questo schema è definito tecnicamente, ma pochissimi codec lo usano dato che l'immagine viene degradata e si hanno sovrabbondanze di tonalità calde o fredde.

4:1:1 La risoluzione orizzontale cromatica è ridotta a un quarto.

Lo schema 4:1:1 del codec DV non è considerato di classe ma sono usati comunque in ambienti professionali per l'acquisizione di immagini e nella cinematografia digitale a basso costo.

I formati che usano questo schema includono il DVCPRO (NTSC *e* PAL) e il DV e DVCAM (NTSC).

4:2:0 Questo schema è utilizzato in tutte le versioni di codec MPEG, DV e DVCAM (PAL) e HDV.

Ricapitolando diciamo che maggiori sono i valori di Y'CbCr e migliore sarà la qualità della nostra immagine, inoltre agendo sul "bitrate", partendo da 8 bit per immagini di bassissima qualità fino a 216 Mb/s, valore molto elevato, avremo ancora maggiore qualità e pesantezza di file.

I formati audio che possiamo avere sotto mano invece sono l'mp3, il wave, il wav e l'aiff. ac

Nei software di montaggio plug-in, codec e template sono inclusi nel sistema ma molte volte occorrerà scaricare ulteriori pack da internet e dal sito ufficiale per poter leggere tutte le sorgenti video.
Una suite molto utile e gratuita di codec sono i pacchetti Realtek, ffshow e flash player e K_lite codec pack.

Importando il brano dobbiamo assicurarci che la frequenta di bit sia corretta. La frequenza di campionamento dell'audio per il video è a 48000Hz, in stereo o in mono a 8-16-32-48 bit, lo standard è a 16 bit, quelli successivi sono molto più precisi e professionali ma più adatti per la discografia, per l'audio generalmente si parla di 44100Hz, quindi se ci viene dato un brano master a 44100Hz è necessario portare la frequenza dell'audio a 48000Hz per non avere problemi di decodifica nel video esportato.
Il duro lavoro di encoding del filmato viene affidato completamente alla Cpu che se raggiunge la saturazione

manifesta problemi di perdita di frame, sincronismo audio video e fluidità del filmato.

È quindi bene tenere d'occhio le capacità del nostro pc durante l'acquisizione:

1- RISOLUZIONE USATA: maggiore è la risoluzione più alto è l'utilizzo della Cpu.

2- BIT RATE VIDEO USATO: come capirete generalmente ad un bit rate più alto corrisponde una maggiore qualità video.

4- DINAMICITA' DEL FILMATO: Il lavoro della Cpu è influenzato dalla velocità dei cambi scena all'interno di un filmato. In una scena statica, per esempio un primo piano dove l'immagine rimane simile, l'impegno del processore tende a diminuire mentre, di contro, quando il ritmo aumenta sale di molto l'uso della cpu.

5- PARAMETRO QUALITY: In genere ogni programma di acquisizione in tempo reale ha un settaggio relativo alla "qualità" del video mostrato in anteprima. Questo valore incide molto sul processore. Alzando o diminuendo questi valori potremo notare come la velocità del software cambi.

Acquisito il video è bene ricordare quali parametri sono stati usati, nel caso dovessimo acquisire nuovamente altri clip simili.

Quando il nostro computer avrà renderizzato e creato il file del filmato, è tempo di passare al montaggio.

Ecco altre immagini che mostrano, in maniera cronologia, le fasi di acquisizione di un clip video.

Per prima cosa acquisiamo il filmato tramite l'apposita finestra.

Vedrete subito la barra che vi permette di selezionare il punto di partenza e di stop dell'acquisizione e il pulsante rec.

Importato il video nel progetto, selezionando l'in e out della parte che vogliamo importare in timeline, importiamo le varie scene secondo l'ordine dettato dalla storia e dalla sceneggiatura.

Successivamente cancelliamo la traccia audio del filmato e inseriamo il nostro brano. Sincronizziamo le immagini con la musica e passiamo all'effettistica.

Nell'acquisire il filmato nella cartella, chiamata anche Bin, dobbiamo dare alcune impostazioni video.

Generalmente si usa lo standard DV/PAL 48Hz 25 o 29 fps, 4:3 o 16:9.

Ma non preoccupatevi sarà il software stesso a chiedervi lo standard di acquisizione e a informarvi dei valori predefiniti che fornisce la vostra camera.

Ora che abbiamo acquisito e abbiamo tutti i materiali che ci servono è tempo di passare al montaggio. Ma prima una breve parentesi sull'idea che si deve avere sul ruolo del montatore.

5.3 L'idea del montaggio e il montatore

L'idea del montaggio è un concetto assai complesso che comprende la tecnica, lo stile e l'inventiva del montatore, spesso derivanti, oltre che dalla propria creatività, dall'esperienza acquisita in questo campo.

Se la sceneggiatura non è abbastanza robusta, è compito del montatore trovare un modo per rendere il videoclip dinamico e accettabile per gli standard attuali.

Un vecchio detto dice che la professione del montatore è sempre perdente: se il montatore fa un buon lavoro e salva il film, i meriti saranno attribuiti al regista, tuttavia, se il montatore non è in grado di salvare il film, la responsabilità è interamente sua.

L'arte del montatore è invisibile e come tale non sempre è tenuta in considerazione. Questo però è uno sbaglio poiché un bravo montatore può facilitare di molto il lavoro del regista e contribuire al successo del video.

In pratica si parla di un secondo regista in grado di rivedere le sorti di un soggetto poco brillanti. Per questo motivo trovare dei bravi montatori è molto difficile.

Nel montaggio, specialmente in quello dedicato al videoclip, il taglio veloce in stile MTV, è sempre preferito a quelli più tradizionali del cinema, con dissolvenze e sfumature, più adatte a raccontare un film.

Per far apparire un video dinamico e ben realizzato inoltre si usa un "trucco non trucco" ovvero si monta sulla base delle battute della canzone cioè sul bit, l'orecchio umano infatti avverte un cambio di situazione proprio sulle frequenze basse, che sono anche quelle che colpiscono l'addome e stimolano molto di più l'emozione provocata dalla musica,[61] conoscere questi piccoli trucchi può aiutarci a coinvolgere ancora di più il nostro pubblico.

Se vogliamo accostare l'arte del videoclip a quella cinematografica, possiamo utilizzare dissolvenze in un contesto narrativo che non sia puramente performativo.

Le impostazioni audio per il video sono 48kHz, 16 bit stereo o mono, ma l'audio generalmente è a 44kHz, è bene quindi convertire il file per la frequenza video prima di importarlo.

Ora siamo pronti alla fase successiva, dove il montatore deve appuntare sulla sceneggiatura tutte le note riguardanti ciak, tagli, cambi ed effetti speciali, utilizzando il metraggio del girato, perché dovrà limitarsi ad analizzare esclusivamente quello registrato sul nastro e non quello che era stato descritto in sceneggiatura, che può differire dagli effettivi girati sul set.

Il montatore deve utilizzare la sceneggiatura come un programma per il racconto che dovrà emergere e quindi scegliere accuratamente quali parti tagliare per far sì che il racconto sia il più possibile vicino alle intenzioni dell'autore del brano.

Può avvenire che durante le riprese si siano girate scene in ordine completamente diverso rispetto alla sceneggiatura e che quindi il metraggio non sia lo stesso. Di tutte queste modifiche il montatore deve essere informato per tenerne conto nel montaggio.

Ricordiamo che ogni audiovisivo standard è formato da una struttura narrativa in tre atti ovvero un prologo, uno svolgimento e un epilogo. In fase di montaggio questa struttura

---

[61] P. Peverini, 2004, *"Il videoclip strategie e figure di una forma breve"*, Meltemi Editore, Roma, pp. 65-67

in tre atti può essere applicata a ogni scena ma per quanto riguarda il videoclip, essendo un racconto molto breve che supera raramente i 6 minuti, è bene saper raccontare la storia applicando questa logica narrativa, senza confondere il pubblico.[62]

Esistono varie tecniche e stili per il montaggio di un video, dal montaggio parallelo a quello alternato.

La tecnica più nota e usata è quella del drag and drop, che consiste nel trascinare sulla time line, cioè sulla linea di riferimento temporale del vostro programma, la scena che vi interessa e poi disporla con le altre nell'ordine scelto.

Creeremo così una sequenza studiata nel minimo dettaglio, frame by frame.

Un altro tipo di montaggio è denominato radio cut, generalmente utilizzato nei film per creare scene con dialoghi, in cui si spezza l'inquadratura sulla battuta di ogni personaggio ma, con un po' di inventiva, può essere adattata al nostro videoclip perseguendo la logica di spezzare l'immagine a ogni battuta, parola o periodo. In questa maniera si ha un flusso logico coerente del filmato e, sulla base di questo, possiamo anche montare parti narrative in modo da creare una strutturata parallela, con il cantante da un lato e la storia dall'altro.[63]

Nel caso che la scena sia stata girata con più telecamere o semplicemente registrando la performance più volte, con un piano sequenza da diverse angolazioni, si può parlare della tecnica master shot. Con queste tracce multiple, senza

---

[62] V. Amiel, 2006, *"Estetica del montaggio"*, Torino, Lindau pp. 131-134
[63] B. Long, S. Schenk, 2005, *"Video digitale Il manuale"*, 2a ed. Milano, Apogeo pp. 248-253

interruzioni, possiamo importare sulla time line le diverse sequenze posizionandole ognuna su una traccia differente.

Nei software di montaggio la traccia superiore copre quella inferiore, quindi nel monitor dell'anteprima vedremo solo la traccia posizionata più in alto e non le altre. Per vedere le altre tracce sotto occorre spuntare l'icona della vista, generalmente rappresentata con un occhio stilizzato, della traccia più in alto. Successivamente cancelliamo le parti che non ci interessano, partendo sempre dalla traccia superiore, così da poter vedere pian piano il video sottostante alternarsi agli altri.

In questa maniera creeremo una sequenza di immagini perfettamente sincrona e molto fluida che racconterà il corretto evolversi temporale della scena.

Questa tecnica di montaggio può essere paragonabile a quella del montaggio multi camera. La multi camera però permette di avere una schermata con vari monitor, ognuno rappresentante una traccia e, proprio come in una regia televisiva, di scegliere di volta in volta la camera a cui dare la precedenza.

Il software, mentre mette in play tutte le tracce nella schermata di multicamera, associa ai tasti numerici una camera e, mentre si registra, premendo il tasto corrispondente al monitor-traccia, si effettua un montaggio di stacchi che verranno riuniti su un'unica traccia.

Conclusa la registrazione si avrà una traccia composta da clip di ogni camera, questa tecnica è molto utile per la maggioranza dei videoclip, dove le inquadrature possono durare anche pochi frame e quindi diventerebbe estenuante per il montatore andare a scegliere ogni volta quei pochi frame e trascinarli sulla time line manualmente.

Questa è una delle tecniche più utili per montare una sequenza video girata con più camere e o da diverse inquadrature.

Mentre nel videoclip è più o meno sempre palese il taglio della scena, nel montaggio cinematografico si cerca sempre di non mostrare dove siano stati effettuati i tagli e i raccordi del video, perché tutto deve scorrere in modo estremamente fluido e con naturalezza. Ma, benché questo montaggio invisibile possa essere un concetto assai corretto, nel videoclip non sempre è utile, infatti molte volte, principalmente nei videoclip astratti o performativi, mostrare nettamente un taglio tra diverse inquadrature è una scelta studiata per creare un montaggio discontinuo che crei emozioni diverse al pubblico e ottenga l'interesse dello spettatore tenendolo incollato allo schermo.

Importante, dal punto di vista logico del montaggio, è dare una coerenza alle azioni ed evitare che ci siano dei punti morti. Questi errori possono essere evitati occupando la traccia con altre inquadrature che aiutino al conseguimento di un fine logico.

Un metodo molto diffuso per raffinare una scena consiste nell'utilizzo del montaggio di raccordo.

Se eseguite lo stacco sul cantante o un attore direttamente sulla battuta, mostrando la reazione di un personaggio, o un'azione che sta compiendo, mentre quell'altro individuo sta recitando o cantando, si crea un raccordo che contribuisce a spezzare il ritmo e creare una sequenza dinamica.

Seguendo questo sistema si può montare tenendo conto della recitazione e degli strumenti. Se per esempio il brano parla di una storia triste, con un finale drammatico e vi sono effetti che amplificano queste sensazioni, non potremo certamente effettuare un montaggio "tranquillo e sereno", con lunghe dissolvenze ed effetti morbidi, dovremo anzitutto effettuare dei tagli netti sulle espressioni degli attori o del cantante in modo da far percepire subito la situazione di agitazione e magari creare dei rallenty nei momenti più tristi.

Da tenere sempre a mente per il videoclip è che le immagini si devono adeguare al brano e non il contrario.[64]

Uno dei problemi che vi troverete ad affrontare spesso in fase di montaggio sarà la mancanza di materiale, nonostante il lavoro durante le riprese possa essere stato fatto bene e completo non ci si rende mai conto dell'effettiva quantità di riprese necessarie finché non si arriva al momento del montaggio. Il più delle volte occorre risolvere il problema in modo creativo e immediato.

Qui entra in gioco il regista e il montatore che, di comune accordo, possono adottare alcune scelte: la prima è quella di inserire effetti o rallenting che permettano di guadagnare quei secondi necessari a dare senso al videoclip, la seconda scelta può essere quella di aumentare o diminuire la presenza di scene con cantato o senza cantato. Altra scelta può essere quella di inserire nel videoclip scene di animazione a 2d o 3d su altre inquadrature che altrimenti non avrebbero senso, per dare al videoclip la sua continuità.

Ultima scelta, quella più drastica, consiste nel recuperare movimenti bruschi di alcune angolazioni di scene considerate scarti, che rallentati o velocizzati, possono coprire i nostri "buchi" nel montaggio. È chiaro che l'individuazione di queste scene va prevista anche nella sceneggiatura.

---

[64] B. Long, S. Schenk, 2005, "Video digitale Il manuale", 2a ed. Milano, Apogeo pp. 255-263

Terminato il montaggio occorre rivedere, oltre al corretto funzionamento degli effetti 2D o 3D, se la narrazione scorre, se la storia e le scene cantate sono coerenti, se il flusso è abbastanza naturale e se le sensazioni trasmesse siano quelle desiderate.

Se tutto è ok si può passare al rendering finale e all'esportazione, se invece c'è qualcosa che non va occorre rivedere il montaggio e il modo in cui sono state posizionate le scene e i tagli delle inquadrature per correggere, e apportare i cambi. Il montaggio per questo genere di audiovisivo deve essere veloce, spesso discontinuo e con effetti visivi che colpiscono il pubblico.

Un modo per coinvolgere, in modo estremo, il pubblico è la semplice scelta di fare riprese con camera a mano, estremamente mosse, realistiche e dinamiche.

Nel videoclip quindi al di là del saper montare bene le scene, in modo da dare un senso logico, è importante mantenere l'attenzione sul ritmo del brano su cui si dovrà montare il video.[65]

Controlliamo nuovamente che il labiale sia in sincrono, se non abbiamo utilizzato un software di lyp sinch per sincronizzare le tracce è possibile che vi siano dei fuori sinch e in questo caso occorre porvi subito rimedio.

Se abbiamo deciso di effettuare un montaggio di tipo parallelo, per un genere di videoclip misto tra performativo e narrativo, dovremo mostrare a stadi alternati le due storie che avvengono in luoghi o modi differenti e non si incontrano mai.

---

[65] B. Long, S. Schenk, 2005, *"Video digitale Il manuale"*, 2a ed. Milano, Apogeo p. 269

Se invece si effettua il montaggio alternato, proprio come dice il nome, dobbiamo alternare l'inquadratura di un personaggio che compie una determinata azione, in un determinato luogo, con l'inquadratura di un'altro personaggio che si trova in un altro luogo, più o meno distante.

E' la maniera del cinema di dire "nello stesso tempo".

In questo caso i due o più soggetti, ad un certo punto si incontrano e il montaggio alternato si conclude.[66]

A volte la produzione dà alla fase di montaggio tempi ristretti, tre o quattro giorni per concludere il videoclip generalmente sono lo standard industriali ma si hanno anche casi dove, per necessità d'effettistica o clienti meno frettolosi, vengono dati alcuni giorni in più.

La regola fondamentale del montaggio di un videoclip è che si deve montare la scena sul bit, ovvero sulla battuta della canzone o più frequentemente sulle frequenze basse del brano.[67]

Il montaggio da ordine al caos che era stato creato in produzione e da senso alla presenza di macchine sceniche, come i green screen, apparentemente inutili durante le riprese ma essenziali per effetti di post produzione.

Vediamo quindi come rendere espressive queste tecniche attraverso l'effettistica.

---

[66] Dott. G. Snaidero, 2003/4, "La parola tra teatro e cinema: il laboratorio di cinema", <http://gold.indire.it/datafiles/BDP-GOLD00000000001C5E18/L.O.attivita%20cinema.doc.>

[67] S. Bertelli, 2006, "Tesi Il lavoro del regista nella produzione del videoclip italiano", Università degli Studi di Ferrara, Corso "Tecnologo della comunicazione", p. 22

5.4 L'effettistica

Dopo aver lavorato sul video, tagliando e spostando i clip per dare il giusto senso alla storia, si passa alla fase di effettistica. Questa parte del processo di post produzione viene programmata assieme alla sceneggiatura e sviluppata sin dall'inizio, dato che richiede molto tempo.

Nonostante la loro importanza e preparazione in fase di produzione gli effetti speciali vengono aggiunti per ultimi, perché applicare degli effetti al video comporta un grosso rallentamento dei tempi di lavoro, è bene quindi effettuare prima il montaggio completo delle scene e dopo applicare gli effetti.

Occorre montate il tutto avendo ben in mente che poi si dovrà lavorare con un software di effettistica.

I software non sono tutti uguali e occorre entrare in un'ottica professionale ovvero che non si può fare tutto con un solo programma ma creare un flusso di lavoro. In pratica dobbiamo decidere su usare un software, relativamente leggero e semplice, come AFTER EFFECTS della ADOBE o MOTION di APPLE, oppure uno più complicato come NUKE di THE FOUNDRY o MAYA e 3D MAX della AUTODESK.

Il flusso di lavoro dell'effettistica cambia dal tipo di effetti che dobbiamo applicare.

Se dobbiamo applicare una semplice color correction ed effetti di sfocatura possiamo benissimo importare il video nel software e lavorarlo.

Un consiglio molto importante è il seguente, se vogliamo lavorare seriamente in post produzione esportiamo il nostro filmato montato in sequenze di immagini file Targa o

Tiff ad alta qualità. Facendo così potremmo avere un maggiore controllo delle scene e modifica nel software.

Se invece dobbiamo inserire anche oggetti animati nel video e abbiamo un green screen, per prima cosa applicare il Keylight e inseriamo lo sfondo digitale, successivamente importiamo la sequenza pulita in un software di Motion Tracking come *Syntheye o Boujou*, creiamo un camera match moving, ovvero una sequenza digitale in cui una camera virtuale crea, utilizzando dei punti di riferimento nel video, un ambiente 3d in cui inserire oggetti creati con software di grafica e animarli sul video, esportiamo quindi il movimento dell'oggetto 3d sempre in sequenze di immagini e con il canale alpha.

Esportando in immagini non avremmo grandi problemi di perdita di qualità e compatibilità dei codec, questo è il grande vantaggio di questa tecnica.

Successivamente importiamo la sequenza nel software, sovrapponiamola al video, applichiamo una color correction delle eventuali maschere di ritagli e avremo un perfetto inserimento dell'effetto di animazione 3d sul nostro video.

Queste sono solo alcune delle tecniche che si usano per l'effettistica e l'inserimento di animazioni 3d. La post produzione è un mondo a sé e non si può pretendere di imparare solo leggendo, se vi interessa veramente dovete prendere un software, fare o prendere qualche video e iniziare a lavorarci su per scoprire da soli, e con l'aiuto di guide e tutorial, la strada giusta.

La color correction di cui abbiamo parlato è il procedimento più comune tra gli strumenti di elaborazione grafica, in quanto benché le immagini possano essere belle e i colori curati vi è sempre qualcosa da ritoccare, sia per dare maggiore profondità all'immagine, sia per dare un tocco artistico unico e peculiare al video digitale, dato che non abbiamo la qualità della pellicola.

Per effettuare queste correzioni, che possono essere fatte sia su un singolo colore che su una gamma cromatica, dando per esempio maggiore profondità ai blu, ai rossi ecc, la maggior parte dei programmi di editing video hanno una voce ben precisa, color correction, tale dicitura può anche includere la modifica delle curve o livelli RGB, della luminosità, della saturazione, del contrasto e della tonalità.

Nella color correction vedremo dei valori che una volta modificati mostreranno l'aumentare o il diminuire della predominanza di un colore in una delle tre aree cromatiche definite nell'immagine come, luci, ombre e mezzitoni.

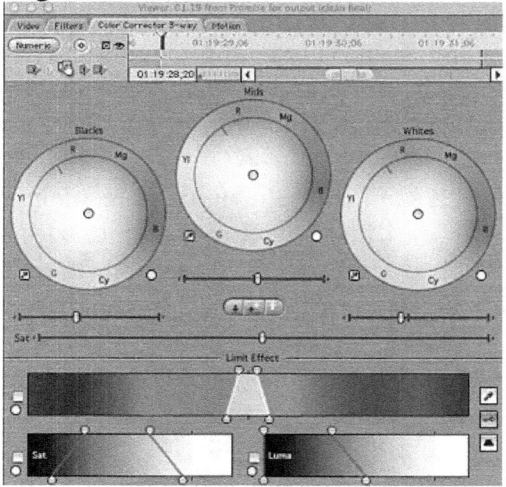

Se applichiamo oltre alla color correction, modifiche di tonalità e saturazione potremo ottenere risultati assai contrastanti, definibili come professionali o artistici.

Possiamo infine cambiare la tonalità dell'immagine, la tinta la corrispondenza di colori con altri.

Dopo un breve passaggio della color correction per dare al video l'aspetto cromatico che desideriamo, si passa alla gestione delle luci, delle ombre e dei contrasti.

Nel caso avessimo girato in condizioni perfette questo passaggio viene comunque effettuato dato che si ha sempre un minimo difetto di contrasto o luci dovuto al rendering computerizzato.

Questi sono gli elementi di effettistica più elementari, vi si aggiungono poi elementi di morphing, termine utilizzato per definire effetti 2d e maschere di livello, e compositing, i cosiddetti visual effects in grafica computerizzata e ad alta definizione.

Importante è non esagerare sugli effetti che possono deteriorare la qualità dell'immagine.

Ciò che ci sarà utile sapere è come gestire il chroma key ovvero saper bucare il green screen o il blu screen con ottimi risultati qualitativi.

Questi due screen sono usati in fase di produzione come sfondi a tinta unita neutri, su cui poi vengono puntati i proiettori per fare in modo che scompaiano anche le ombre e che, in post produzione, verranno eliminati per essere sostituiti da fondali alternativi creati in 2d o 3d.

Il funzionamento del chroma key è molto semplice, come già spiegato prima, si applica un telo o una qualsiasi copertura verde su un fondale uniforme, in modo che l'attore o il cantante sia completamente immerso in quel colore, importante è non avere ombre troppo prominenti sul colore di fondo. Possiamo anche mettere dei marker ovvero dei segni sul nostro screen per avere la possibilità di fare un camera tracker che ci sia utile per inserire un ambiente 3d e vedere il nostro performer muoversi realisticamente al suo interno, magari usando anche un piccolo tapis roulant per avere una camminata realistica.

Effettuate le riprese mantenendo il colore del green screen il più uniforme possibile e una volta nel software d'effettistica, utilizzando la voce keying o keylight, selezionate il colore dello screen e in automatico questo diventerà trasparente, alpha channel, e vi permette di inserire un altro fondale alla scena.

Quando si usano effetti speciali come il green screen occorre pensare in termini di livelli.

Come nel disegno di Photoshop, i livelli sono utilizzati come lucidi sovrapposti l'uno all'altro che possiamo elaborare e sistemare come meglio vogliamo, con i video possiamo fare lo stesso basta dare la trasparenza con il chroma key e inserire un altro oggetto sotto al primo.

Seguendo questa logica possiamo duplicare il nostro cantante, ampliare lo sfondo, cancellare dettagli che non ci interessano, inserire animazioni a livelli semitrasparenti e tantissimo altro ancora.[68]

Con i software come After effects e Avid lavoriamo con i livelli e i plug-in, ovvero gli effetti che troviamo al suo interno o compriamo apposta da internet per conferire un particolare effetto al nostro video.

Con Nuke invece lavoriamo per nodi, una metodologia più complicata da sfruttare, dato che usa anche gli script di comando, ma molto più rapida se dobbiamo inserire 3d e molti effetti.

Possiamo elaborare il nostro video con effetti 2D e anche 3D, dando caratteristiche vastissime come l'effetto bagliore, tipico delle scene d'amore e i sogni, effetti di pioggia, ombre particolari, sfondi intercambiabili e tanto altro ancora.

Le potenzialità di questi software sono immense, basta conoscerli bene e avere inventiva per creare scene incredibili.

Per usare sfondi o oggetti realizzati in grafica tridimensionale e inserirli in un'immagine dobbiamo utilizzare dei software come MATCHMOVER di AUTODESK o BOUJOU che ci permettono di applicare al video dei punti di ancoraggio cui il software 3D farà poi riferimento per piazzare l'oggetto tridimensionale con la giusta profondità spaziale e realisticità di movimento.

Sono comunque tecniche abbastanza complicate e per le quali suggerisco di leggere e vedere diversi tutorial se le si vuole utilizzare.

---

[68] B. Long, S. Schenk, 2005, *"Video digitale Il manuale"*, 2a ed. Milano, Apogeo pp. 360-365

Possiamo anche creare semplici "cartoline" 3d a partire dal video. In pratica spostiamo e ruotiamo il video o porzioni di video ritagliate come fossero pezzi di carta in un ambiente tridimensionale.

Utilizzare invece filtri bidimensionali è abbastanza semplice, basta creare un'unica traccia nidificata del video e applicare il filtro che dia alle nostre immagini la profondità tipica della pellicola o simile.

Questo effetto può essere dato da particolari correzioni del colore e del contrasto o applicando filtri o plug-in come il Cineon converter e il cine look.

Insomma dobbiamo fare in modo di dare alle immagini quel tocco in più che le portino ad uno standard professionale.

Dipende da noi modificare il colore fino a raggiungere il risultato desiderato. Per alcuni basta inserire un po' di ombre in più e dare un contorno sfumato, per altri si parla di una vera e propria ricalibrazione del colore, le diverse esigenze portano a diversi risultati.

Un esempio di color correction è il seguente. Possiamo notare come nella figura 2, dove abbiamo applicato effetto di saturazione e modificato i valori dei livelli di luvi ombre e mezzitoni, le immagini siano meno piatte e le forme più realistiche.

1   2

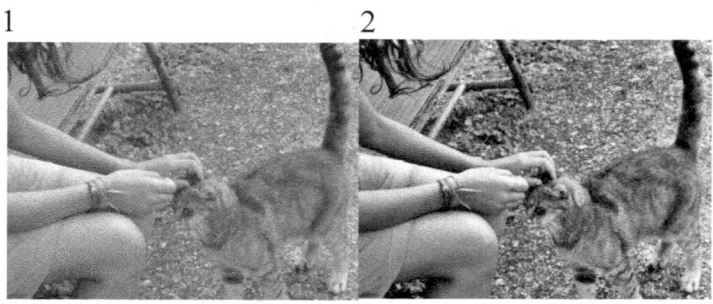

Il mondo dell'effettistica è ampissimo e l'unica cosa che serve è un programma in grado di fare ciò la nostra mente partorisce.

I programmi migliori per effettistica sono NUKE, Sony VEGAS PRO e AFTER EFFECTS, affiancati anche da piattaforme come MAYA che lavorino prettamente in 3D.

Occorre tanta pratica, è per questo che consiglio di avvalersi di un abile tecnico degli effetti speciali o di uno studio che si occupi degli effetti che vogliamo creare, per non impazzire dietro programmi che è bene conoscere in modo corretto prima di sperimentare in fase di produzione professionale.

Per il resto degli effetti, come oggetti fluttuanti o immagini con colori o grane particolare è bene affidarsi all'uso delle maschere di livello che, applicate sopra ad un video, permettono di ritagliare una porzione di schermo, senza intaccare il video originale, e di elaborarle per fare in modo che vengano creati e applicati particolari effetti che caratterizzano una parte dello schermo, un oggetto o un personaggio in particolare.

Ci sono tantissimi video tutorial online che mostrano questi e altri effetti, come quelli professionali di VIDEO COPILOT, di CREATIVE COW o di LYNDA.COM.

Aiuti pratici e in lingua italiana potrete scovabili anche su forum come videomakers.net o aftereffects.forumfree.it.

5.5 Finalizzare ed esportare

Siamo quasi alla fine del processo di post produzione, abbiamo in mano una traccia completa, vista e rivista, che ha un senso narrativo e che grazie alle correzioni di colorimetria ed effettistica ha acquisito un profilo particolarmente professionale.

Ora rivediamo tutto con occhio critico, assieme al regista, il montatore e il responsabile di produzione, e stabiliamo se il target è stato rispettato, se il prodotto piace ed è pronto per il mercato.

Se tutto è ok e non ci devono essere altre correzioni, realizziamo il master su hard disk, dvd, miniDV, o qualsiasi supporto che riteniamo più opportuno salvando il clip in formato nativo, cioè senza perdite, salviamo il progetto in due copie, per sicurezza ed esportiamo una sequenza di immagini, sempre per sicurezza, le immagini possono essere lette da qualsiasi dispositivo e potremmo visionarle e ricaricarle su qualsiasi software di editing video.

Prima di esportare dobbiamo finalizzare il video, ovvero renderlo pronto ad essere caricato sul web o utilizzato da un altro programma per creare il dvd.

Effettuiamo un rendering completo di tutta l'area di lavoro e poi di tutti gli effetti per non rischiare di avere dei frame mancanti o dei salti indesiderati.

Ora blocchiamo la sequenza video, cliccando sul lucchetto a lato del nome della traccia, in questo modo qualsiasi cosa faremo non potremo in alcun modo danneggiare la traccia definitiva.

Diamo una breve occhiata al video per vedere che tutto sia a posto e poi cancelliamo tutte le tracce che non ci servono.

Adesso è tutto pronto per esportare il videoclip. Quindi andiamo sul comando esporta, e diamo le proprietà consone al video che solitamente sono: formato video PAL, 25 fps, qualità video alta, dimensioni 4:3 o 16:9 solitamente espressi in pixel 720x576 o 1920x1080, il codec DV PAL, MPEG2, H.264, Quicktime, DV AVID, insomma quello che ci assicura la massima qualità e ricordiamoci di esportare anche l'audio a 48000 Khz, stereo o dolby surround ad alta qualità. Possiamo fare diverse prove esportando il video in diversi formati e verificare qual è il migliore e anche quale può essere quello più leggere per il web. Esportando ricordiamo di controllare se il video è a scansione progressiva, utile se va solo su web, o interlacciata, standard televisivo. Nel secondo caso ricordiamoci di verificare se i semiquadri sono a scansione upper o down per non creare contrasti con il video d'origine.

Il codec e le dimensioni del video possono variare dal supporto che pensiamo andrà ad ospitare il nostro videoclip ma principalmente lo standard di alta qualità è MPEG2 o H.264, altrimenti si possono usare codec di proprietà, come quelli di AVID o FINAL CUT, o acquistare dei codec professionali on line.

Ricordiamoci di verificare il video una volta esportato su Windows e su Macintosh.

Abbiamo quindi esportato il nostro videoclip in maniera ottimale ma non possiamo ancora metterlo in circolazione. Dobbiamo prima di tutto creare la risoluzione adatta a ogni piattaforma e preparare il DVD.

5.6 Produrre un video multipiattaforma

Nella fase di esportazione dobbiamo renderci conto che oggi tra web, tv, telefonini e ogni supporto possibile immaginabile, la risoluzione e il modo di vedere il videoclip cambia, quindi occorre realizzare tanti formati quanti i supporti e per ognuno di essi sapere come mettere correttamente in circolo il video.

Canale privilegiato del videoclip e della musica in generale è MTV, che di giorno e di notte trasmette una continuità di video musicali differenti e, generalmente, lo standard di qualità del nostro video dovrebbe attenersi ai video visti su questo canale, leader della musica. Naturalmente dipende dai nostri mezzi e dalla bravura dell'interprete.

I codec hanno l'importantissimo compito di codificare il flusso di dati del video, con o senza relative perdite, e di comprimerli per una più semplice fruizione e visione.
Diamo ora una lista pressoché completa di codec video acquistabili e trovabili:

Compressione senza perdita di dati

- CorePNG
- H.264 High Profile supporta la codifica senza perdita
- Huffyuv
- MSU Lossless Video Codec
- Lagarith
- LCL
- Tscc TechSmith Camtasia losslesscoder
- CamStudio Lossless Codec
- Castelli

Compressione con perdita dei dati

- Audio Video Standard (AVS)
- Cinepak
- Dirac(BBC) codec open source sviluppato dall'emittente di Stato Inglese
- H.261, H.263, H.263v2
- Indeo 3/4/5
- KVCD
- MJPEG, MPEG-1 Video, MPEG-2 Video, MPEG-4 Advanced Simple Profile Video (DivX, XviD, 3ivx), MPEG-4 Advanced Video Coding o H.264 (x264, Nero Digital, Sorenson AVC Pro codec, nuova implementazione Sorenson)
- Ogg
- Pixlet
- RealVideo
- VC-1
- WMV
- JPDM JPDMovie

Tutti questi sono codec che potrete scaricare o acquistare on line per sfruttarli nella vostra professione. Naturalmente i migliori sono a pagamento e almeno che non siate dei perfezionisti potete anche lavorare con i codec interni a programmi di montaggio come AVID, piuttosto validi.

Uno dei programmi più completi, che dia la possibilità di scaricare del web le caratteristiche precise di ogni supporto telefoni è Device Central della ADOBE. Questo programma ha una peculiarità, importando il video e scegliendo il supporto, ci informa automaticamente degli adattamenti per la risoluzione e le dimensioni giuste alla piattaforma scelta così da permetterci di codificare il video con quelle specifiche.

Se invece vogliamo fare questo procedimento in fase di esportazione dobbiamo recuperare i dati riguardanti tutti i supporti; risoluzione e dimensioni, codec audio e video del supporto ed estensione, per poterli inserire al momento dell'esportazione come parametri da rispettare.

I supporti sono molti, dal cellulare smartphone, ai supporti come Ipad e Iphone, ognuno ha caratteristiche uniche che vanno rispettate se non si vuole rischiare di avere un degradamento eccessivo dell'immagine.

Ecco un elenco di tutti i formati video possibili:
- **In AVI** per creare video per PC, Archos, Creative Zen Vision, e YouTube, MySpace e Google Video, 720x576 la risoluzione standard;
- **Immagine (esempio ISO)** per masterizzare un DVD o salvare il video in formato immagine sul disco rigido, risoluzione 4:3 o 16:9, oppure personalizzata dal software;
- **In MP4 – H.264** per Apple iPod, Sony PSP, Epson P-2000/4000 o cellulari con supporto MPEG-4;
- **In MPEG** per salvare video in formato MPEG-1 o MPEG-2 sul pc o su dvd;
- **In WMV** per Pocket PC che funziona su Windows e lettori portabili: Archos e Creative Zen Vision;
 - **In MOV** per lettori Quick Time;
- **In FLV** per pubblicare i video su siti Internet;
- **In Blu-ray** per masterizzare un disco Blu-Ray oppure salvare video in formato Blu-Ray sul disco rigido;
- **In RM** per lo streaming video su Internet;
- **In 3GP** per cellulari con supporto 3GPP e 3GP2;
- **In SWF** per la creazione video per metterlo sul sito web;

- **In MKV** per video su PC ad alta risoluzione;
- **In DPG** per console di gioco Nintendo DS o Nintendo DS Lite;
- **In 2k o 4k** per video ad altissima risoluzione, standard cinematografico;
- **In GIF** per la creazione delle animazioni web semplici;
- **In TS** per la creazione del video ad alta definizione per il PC o i lettori video hardware come Dune HD Ultra, Sony Playstation3;
- **In M2TS** per la creazione di video ad alta definizione.

In base al supporto cambia la risoluzione che può essere di 96x65 pixel per un cellulare normale, fino a 854x480 per un palmare, dopo questi valori si parla di creare un video per desktop di dimensioni variabili.

Ecco un rapido schema per ricordarci i formati più usati:

Inoltre dobbiamo tenere conto del rapporto d'aspetto, o Aspect ratio del video, ovvero la proporzione tra la larghezza e l'altezza dell'immagine video.

Solitamente l'aspect ratio di uno schermo televisivo è 4:3 (o 1.33:1) dividendo la risoluzione orizzontale di 768 per la risoluzione verticale di 576 (PAL), si ottiene proprio 1,33, il 4:3 può essere anche 720x576 quindi 1,25.

I televisori ad alta definizione usano un'aspect ratio di 16:9 (circa 1.78:1).

Creato il video con uno o più di questi valori possiamo muoverci per mettere a disposizione del nostro pubblico il videoclip in maniera innovativa. Ad esempio possiamo permettere di scaricare il video da internet tramite un'applicazione attivabile dopo aver scansionato un codice presente su una rivista per adolescenti o dando la possibilità di poterlo scaricare gratuitamente se si acquista l'album online.

Metodologia in rapido sviluppo denominata realtà aumentata e usata molto anche per i nuovi giochi delle console.

Tutte queste tecniche possono essere studiate a tavolino con il nostro direttore di produzione per favorire la divulgazione del videoclip e la sua notorietà.

5.7 Creare il Dvd e gli extra

Siamo giunti all'ultimo step prima dell'uscita sul mercato e della promozione del nostro videoclip e dell'album.

Prima di creare il dvd dobbiamo farci una domanda: qual è il supporto più comune e visibile da tutti? Al di là dei video multipiattaforma, dobbiamo indirizzare la nostra attenzione sugli unici due supporti con portata globale, ovvero il dvd e il blu-ray, il vhs ormai è quasi estinto.

Per creare il dvd è essenziale avere il programma giusto. Se abbiamo lavorato con un programma di montaggio professionale dovremmo avere, tra le opzioni di esportazione, anche la scelta per creare il menù del dvd e tutto quello che è compreso in esso, dal menù dei capitoli agli extra.

Sia AVID che FINAL CUT hanno questa opzione, persino PREMIERE permette questo procedimento tramite l'uso del software collegato ENCORE.

La differenza tra dvd e blu-ray sta innanzi tutto nello standard in cui abbiamo girato e montato il videoclip, oltre che al peso maggiore dei file per i quali è necessario un dvd da 9 gb e no da 4,7gb.

Se abbiamo girato in alta definizione non ci saranno problemi, se invece abbiamo girato in risoluzione standard il computer farà un procedimento di codifica per portarlo allo standard blu-ray e non sempre il risultato è ottimale.

È quindi consigliabile esportare con la codifica di montaggio e se abbiamo bisogno di creare un blu-ray apriamo un nuovo progetto, impostiamo come opzioni di montaggio quelle di alta definizione (1920x1080) e incolliamo al suo interno il video e le sequenze che in automatico saranno codificate per l'alta definizione.

Apriamo quindi il programma o l'estensione necessaria per creare il dvd.

La prima cosa da creare sarà il menù. Possiamo farlo in modo molto semplice inserendo i pulsanti di inizio, dei capitoli, degli extra e usare come sfondo un'immagine fissa o un video in loop che mostri alcune inquadrature del videoclip, oppure possiamo crearlo in modo professionale e avanzato realizzando una titolazione animata con transizioni e creando anche un menù apposito per ogni voce.

Per fare dei buoni extra ci occorrerà innanzi tutto aver creato il video del backstage con le interviste ai vari tecnici presenti sul set e al gruppo.

Negli extra di molte pellicole hollywodiane si vede il regista, il tecnico del suono o compositore e gli attori parlare dell'esperienza delle riprese e del film, interrotti sporadicamente da scene tratte da camere back stage, cioè quelle camere inserite apposta sul set, per riprendere e documentare le riprese, per i contenuti speciali.

Allo stesso modo per il videoclip si possono effettuare delle riprese del "making of" per dare maggiore spessore ai contenuti che altrimenti si limiterebbero ai pochi minuti del videoclip.

Possiamo decidere di inserire, oltre al back stage, interviste al regista, al performer e presentazioni fotografiche che mostrino alcuni momenti del work in progress.

Potremo anche inserire una sezione dedicata al cantante che parla del video e del brano, spiegando il significato del testo e rispondendo a domande sulla sua carriera.

Un tocco in più è quello di inserire mini spot di futuri lavori o prodotti già in vendita che riguardano il cantante e album fotografici dell'artista per destare ancora più interesse nel pubblico, spinto a comprare i dvd.

Importante, se prevediamo di immettere il prodotto sul mercato globale, è inserire i sottotitoli o le traduzione, da speaker madrelingua, di ogni scena o contenuto extra. Per creare questi extra ci dovremmo avvalere, oltre che di un software di traduzione, di un bravo traduttore o più traduttori, che si occupino di trascrivere il parlato in testo e poi tradurre quel testo nella lingua scelta.

Questo passaggio è obbligatorio se si intende assumere dei doppiatori per sostituire le voci originali con quelle dei traduttori stranieri.

Se invece gli intervistati sono in grado di leggere la lingua che dovranno doppiare basterà registrare la voce con un minimo di sincronizzazione labiale per avere la massimo coerenza con la vera voce dell'intervistato, questo è molto importante per quanto riguarda il cantante che, molte volte, è interessato a mostrare la sua padronanza di altre lingue.

Abbiamo gli extra e ora creiamo il menù che, come per quello principale, potrà essere semplice o avanzato, con schermi di anteprima per i vari contenuti, con sfondi animati nella schermata di visualizzazione dell'elenco contenuti e musiche di sottofondo.

Inseriti tutti gli elementi nel modo e nella qualità decisa ricontrolliamo i collegamenti, dobbiamo assicurarci che cliccando sulla scritta o sulla schermata scelta il dvd ci porti esattamente al contenuto stabilito. Se questo esame è riuscito avviamo l'anteprima del dvd per aver un'idea di come verrà visualizzato in TV o sul PC.

Se l'anteprima è a posto non ci resta altro da fare che inserire i titoli iniziali e finali, come i crediti e i ringraziamenti quindi salvare il progetto.

Quando lavoriamo a un menù assicuriamoci sempre che i link ai capitoli sino corretti per non avere l'errore di cliccare su un pulsante e vedere qualcos'altro.

Tutto è pronto ma prima di inviare il progetto da masterizzare alla casa di produzione dei dvd occorre inserire la scelta della lingua. Questa scelta solitamente si può effettuare all'inizio del videoclip o dal menù principale alla voce "lingua e sottotitoli". È importante tradurre tutti i titoli nelle varie lingue e creare ogni schermata per ciascuna lingua.

Salviamo nuovamente il progetto in duplice copia, una modificabile e una di sola lettura, con ogni traccia bloccata, per evitare pasticci futuri e inviamo il tutto alla casa di produzione che provvederà a masterizzare il dvd nelle copie stabilite per la vendita sul mercato e a compilare i moduli per la SIAE e gli altri enti.[69]

Assieme a questo progetto dobbiamo inviare il file dell'immagine in copertina, della cover del dvd e il progetto del possibile libretto informativo incorporato alla vendita del dvd.

Per creare questi documenti è meglio avvalerci di un buon grafico che lavori con Indesign, Illustrator, CorelDRAW o programmi altrettanto potenti e validi per l'elaborazione delle immagini e la creazione di libretti.

---

[69] B. Long, S. Schenk, 2005, *"Video digitale Il manuale"*, 2a ed. Milano, Apogeo pp. 417-420

Questi software hanno in comune una lunga lista di templates che permettono di avere modelli, con relative dimensioni e impaginazioni, già impostati per la creazione di documenti come le cover di cd e le copertine dei dvd.

Reperito il progetto grafico della studio inviamo il tutto, in formato Tif o Pdf alla tipografia e alla serigrafia per dare il via alla stampa.

La filiera produttiva si completa quando la copertina e il possibile libretto informativo vengono inseriti nella custodia, il dvd con il fronte stampato viene masterizzato e il tutto viene unito e imballato per essere spedito al punto di vendita.

Il dvd è completo e aspetta solo di essere distribuito e immesso sui mercati globali, ed è qui che entra in gioco la casa discografica e la casa di produzione con gli investimenti per la promozione e la diffusione del prodotto.

Capitolo 6. Distribuzione e la promozione

6.1 Come e dove vendere

Il modo di creare e distribuire contenuti multimediali è cambiato radicalmente negli ultimi 10 anni, prima il videoclip era uno strumento di promozione del brano e nel contempo anche prodotto di vendita, oggi non è più così.

Il videoclip è visto come un modo per fare conoscere il brano attraverso la messa in onda sui canali televisivi e il web, raramente è venduto separatamente dall'album.

Nei casi più singolari viene venduto assieme al cd musicale.

Pima si aveva la possibilità di promuovere il videoclip e farlo conoscere attraverso festival o eventi tv, oggi con l'avvento di youtube e i siti di video sharing, l'utente può vedere il video senza sforzi e in alcuni casi essere indotto a vedere quel video tramite sponsorizzazioni e acquisto di pacchetti di visibilità.

La discografia, nel momento in cui produzione e marketing s'incontrano, stanzia una determinata cifra per la promozione, inoltre si occupa della distribuzione e della pubblicità, decisi dal marketing manager.

Ovviamente la qualità di questi processi varia in base al budget messo a disposizione.

Il dvd può essere venduto, al dettaglio alle grandi catene di supermercati o ai privati, essere venduto assieme all'album in un pacchetto speciale o allegato a riviste giornalistiche e di gossip. Infine vi è il mezzo web con la distribuzione di DVD on demand.

Il sistema on demand online è semplice, s'inserisce un link sul sito dell'artista o su altri siti che riportano a un modello di acquisto on line, compilato il modello si ordinano uno o più dvd e si decide il metodo di pagamento, dopo di che il dvd, che era nel magazzino del rivenditore scelto, viene spedito all'indirizzo del richiedente.

La maggior parte delle volte questa tipologia di vendita è gestita dalla casa discografica, in alternativa i migliori siti, che si occupano di stampare per i privati dvd, cd e libri, per questo genere di distribuzione online sono CREATESPACE e LULU. Se siamo uno studio privato basterà fare riferimento a questi siti, o simili, per creare una modalità di acquisto online on demand.

I problemi più grossi per favorire il successo di un brano e del suo videoclip sono la promozione e la distribuzione.

Con la parola "promozione" s'intende il lavoro che viene fatto dagli agenti pubblicitari, cioè dalle persone che visitano le librerie, prenotano gli spazi pubblicitari su carta, tengono d'occhio il catalogo di prezzi per scegliere il momento opportuno in cui abbassare i prezzi o fare sconti, controllano l'efficienza delle forniture e aggiornano costantemente i canali in questione.

Le novità sono sempre prenotate dai distributori, ma se l'artista non è abbastanza, conosciuto, il lavoro è più complicato perché bisogna far conoscere il nuovo prodotto.

Per questo ci si avvale di internet e di spettacoli televisivi e concerti per mettere in mostra l'artista e far parlare del gruppo.

Con la moltitudine di cantanti in circolazione è quasi impossibile spiccare senza una buona promozione, dei pezzi forti e i canali giusti, oltre alla buona musica.

La promozione è il lavoro più difficile, costoso e importante per il videoclip e, nel contempo, il più utile per un aumento delle vendite dell'album.

I canali promozionali sono: articoli e pubblicità su giornali quotidiani, giornali di gossip, riviste specializzate, cartelloni pubblicitari, pubblicità in tv, trasmissioni tv, presenza sul web con banner pubblicitari, un sito ben articolato e tanti collegamenti sponsorizzati che rimandino al nostro sito.

Infine ci sono i concerti e le esibizioni live e in tv.

La "distribuzione" invece è il lavoro che consiste nel far arrivare materialmente i dvd nelle librerie, nei supermercati, nei negozi e in tutti gli altri luoghi o occasioni, come fiere e festival, in cui i dvd possono essere venduti e il videoclip visto dal pubblico.

In Italia diverse agenzie che offrono sia il servizio di promozione, che il servizio di distribuzione sono chiamate direttamente dalla discografia per lavorare a un progetto in particolare.

Quindi anche noi, come studio autonomo, possiamo cercare lo studio di promozione più vicino alla nostra città per avviare questi processi. Una grossa produzione generalmente ha delle proprie strutture di distribuzione e di vendita, così da distribuire e promuovere il prodotto autonomamente, senza dover chiamare studi esterni che gli costerebbero molto di più.

Oltre a questo, tramite i suoi negozi, la produzione è in grado di avere del materiale in conto vendita e a spese zero in distributori del territorio nazionale e internazionale.

Capita che la discografia poi "passi" ai direttori delle reti televisive, delle copie omaggio del videoclip e organizzi delle interviste o delle comparsate in alcuni programmi che serviranno a far conoscere l'artista e, pagando lo spazio, a trasmettere il videoclip o un servizio su di esso.

Gli agenti di vendita di cui abbiamo parlato prima possono essere una persona o più persone, o addirittura una compagnia, con cui il possessore dei diritti del videoclip, solitamente il produttore o la discografia, stipula un contratto legalmente vincolante e temporalmente definito che gli permette di vendere l'opera a dei circuiti di distribuzione.

Gli agenti di vendita sono spesso presenti ai festival cinematografici o musicali, in cerca di nuovi interessanti clienti da aggiungere al proprio catalogo e interpellarli per la promozione del proprio videoclip può essere un ottimo modo per prendere contatto con il difficile mondo della promozione.

Il principale vantaggio della collaborazione con un agente di vendita risiede nel fatto che, per la natura stessa del proprio lavoro, queste figure hanno a disposizione molti contatti con molte istituzioni, con cui possono fare da mediatori per accedere a diversi canali di vendita.

Tutte le decisioni sulla promozione, che siano nostre o di qualcun altro, devono sempre passare attraverso l'approvazione della discografia o del cliente che ne vaglierà la necessità, i costi e le potenzialità del canale. Se invece abbiamo un mandato di utilizzazione, basterà semplicemente avvertire la discografia della mossa promozionale che si sta per fare, e che non deve mai ledere la figura dell'artista, per poi essere liberi di fare ciò che si ritiene più opportuno per aumentare le vendite.[70]

---

[70] Cfr. G.Sibilla, 1999, *"Musica da vedere"*, Roma, Eri/Rai-VQPT pp. 59-63

6.2 Stabilire i canali promozionali

In questo momento, dopo aver interpellato il nostro esperto e aver ottenuto le strategie da seguire per raggiungere il target, dobbiamo decidere come mettere in atto la nostra pubblicità.

Per questa fase possiamo sempre avvalerci di un esperto di marketing o di uno studio pubblicitario preposto, ma se non siamo sempre in grado di farlo è bene conoscere le basi per attuare una buona campagna pubblicitaria.

I canali su cui possiamo agire sono svariati e ognuno può dare un differente risultato.

Ciò che vogliamo fare deve rientrare nelle spese del budget sotto la voce Pubblicità.

Le tecniche più utili per promuovere il nostro videoclip possono essere:

- La promozione nei cinema, un aspetto tenuto spesso fuori dalla normale promozione perché generalmente è utile per le aziende o per la promozione dei film, ma realizzare uno spot, che si riferisca al videoclip, quindi al nostro artista, riferendosi al significato del brano, magari se è impegnato in una campagna sociale contro l'alcool o cose del genere, oppure su un tour o una serie di particolari eventi, può essere molto utile. Inoltre per i giovani vedere una pubblicità contro l'alcool, promossa da un giovane cantante, può essere d'aiuto per avvicinarli a quell'ideale di vita e ci può favorire nell'inserimento del promo in contesti pubblici, altrimenti difficilmente raggiungibili.

- I cartelloni pubblicitari sulle strade e in città, ovvero quegli enormi poster che generalmente sono gestiti dai comuni e vengono venduti per periodi. Posizionati nei punti giusti, sulle strade e vicino alle scuole accendono la curiosità per la nostra band. Naturalmente dovremmo avere un bravo art director che gestita in maniera ottimale la grafica pubblicitaria per poterla rendere il più attrattiva possibile.
- Pubblicità in televisione e in radio, saper distribuire gli impegni del nostro artista tra spot in tv, simili a quelli realizzati per le sale cinematografiche, presenze in programmi tv mattutini e pomeridiani per i giovani e per le famiglie, essere ospite nelle radio, molto ascoltate in macchina, fa si che il bacino dei nostri ascoltatori si allarghi in maniera enorme.
- La Stampa, con inserzioni pubblicitarie e articoli sui giornali, sulle riviste e negli inserti di alcuni libretti di fiere e comuni, può essere un buon modo per avvicinare il pubblico delle masse. Questo canale, difficilmente procura dei grandi risultati ma è buono per far vedere che si parla sempre di sé.

Affiancate a queste tecniche di promozione devono essere abbinati studi di placement per i materiali pubblicitari avvicinandosi il più vicino possibile al nostro target di riferimento.

Questo serve non solo a vendere l'artista e il videoclip, associato al messaggio del brano, ma anche a promuovere l'album in uscita.

Inserire l'artista e la sua canzone anche in film o telefilm, come musica di un bar, di sottofondo, è una mossa strategica per stuzzicare un possibile compratore.

La tecnica migliore è dare la massima visibilità all'artista, cercando di non allargarsi troppo e mantenendo il target definito, puntare tutto su un bersaglio facilita il raggiungimento dello scopo, sparpagliare gli obiettivi ha un riscontro di massa, meno significativo dell'altro.

Puntare anche sui reality show può essere utile, ma non bisogno farci troppo affidamento, sia per la difficile partecipazione e l'ardua concorrenza.

I canali promozionali più utili e remunerativi sono senz'altro le serate di spettacolo con esibizioni o ancor meglio un tour promozionale di concerti nella propria regione, per poi allargarsi, con l'aumentare della richiesta e delle possibilità, a tutte le regioni e così via.

Conseguenti a questi studi vi è l'analisi del feedback, la retro azione o risposta del pubblico, con prove di reazione del pubblico al materiale pubblicitario presentato, attraverso l'analisi delle visite al sito o ai forum che parlano della cantante, e l'indice delle vendite.

L'ultimo ma non meno importante canale cui dovremmo sempre fare riferimento è il mezzo Internet, con l'era di internet pubblicizzare un prodotto, specialmente online, diventa cosa comune e quindi non è sempre una cosa facile raggiungere i destinatari, sempre più bombardarti dalle tantissime promozioni del web.

Internet è utile perché con spese, anche minime,

permette di essere visibili a una moltitudine di persone.

Quando si tratta, come in questo caso, di una campagna su un prodotto ben definito, come un videoclip, è opportuno concentrare le forze su un certo target invece che disperderle su una massa indistinta di consumatori, anche quando il costo dell'operazione sembra conveniente.

Se ad esempio avessimo un prodotto che tratta della sicurezza stradale, facendo una campagna contro l'alcool, sarebbe molto più opportuno scegliere come veicolo del nostro messaggio un portale dedicato ai locali notturni, un sito di alcolici o birre per incentivare a bere responsabilmente, e ancora, una sezione di un portale attinente al nostro prodotto situato in siti che si occupano di campagne contro l'alcool, anche con siti istituzionali se ci viene data l'autorizzazione.

Inserire poi banner e link in tutti i siti che si occupano dei giovani e del loro intrattenimento e svago è utile. In pratica dare la possibilità di vedere il videoclip e il sito dell'artista a chiunque sia interessato all'argomento o faccia parte del target in quanto potenziale fruitore e acquirente è assai vantaggioso.

Pensare a creare un sito web sull'artista e utilizzare la strategia di Viral marketing, cioè la distribuzione gratuita dello spot e degli extra del videoclip in maniera accattivante e divertente, come i backstage delle registrazione con errori e gaffe, da la capacità al nostro prodotto di non essere visto come un oggetto rigido ma qualcosa di dinamico e giovanile.

Sono scelte che è bene analizzare bene prima di pensare di vendere il videoclip come prodotto a sé.

Quando si parla di promozione su internet si fa riferimento a tante fasi di progettazione e distribuzione in cui saper scegliere quale strumento è meglio usare, fa la differenza.

Stando alle percentuali che normalmente ci indicano

quale ritorno abbiamo avuto del nostro investimento pubblicitario su internet, possiamo affermare se il nostro impegno economico è stato buono o sono stati soldi buttati.

Il problema è cercare di capire, qual è la parte che potevamo risparmiarci di investire. Su Internet i risultati sono anche più drastici e spesso il ritorno dell'investimento è molto limitato.

Ecco allora che scegliere lo strumento di comunicazione più appropriato può essere un fattore di successo chiave.

Approfondiamo adesso i procedimenti della promozione su internet, mezzo spesso meno dispendioso e a volte assai remunerativo.

Gli strumenti che Internet ci offre sono molteplici e sempre in continua evoluzione.

Quando si sceglie lo strumento è essenziale considerare il tipo di messaggio che dovrà far trapelare e il modo in cui dovrà farlo, se tramite testo, testo e immagini, o solo immagini fisse e in movimento.

È evidente che se il nostro messaggio contiene delle immagini lo strumento più indicato potrebbe essere il banner o un altro che possa ospitare questo tipo di comunicazione.

Meno probabile l'utilizzo di una newsletter che, come vedremo, è il più delle volte un messaggio testuale.

L'obiettivo della campagna web di solito si chiama branding, il che vuol dire aumentare la visibilità di un marchio.

L'obiettivo della campagna non è dunque quello di ottenere visite immediate al proprio sito web, ma piuttosto di agire nell'immaginario collettivo degli utenti, posizionando il marchio a un certo livello, associandolo cioè con le qualità che desideriamo conferirgli agli occhi del destinatario.

Ottenere una direct response, ovvero una risposta diretta, vuol dire, stimolare a tal punto il destinatario, che questo decida di cliccare il nostro messaggio e di lasciarsi dunque condurre sul nostro sito web.

Spostandoci gradualmente dall'uno all'altro obiettivo, abbiamo strumenti diversi che ci aiutano a raggiungere i nostri intenti, proprio come indicato nel seguente diagramma.

Banners
Rotazione generica

Sponsorizzazioni
Integrazione nel contesto editoriale

Interstitial e minisiti
Sponsorizzazioni e banner che puntano al minisito promozionale

Newsletter
E-mail marketing

Below the web
Chat, Forum, Communities

Branding

Direct Response

Per aiutare la promozione su web usiamo diversi strumenti come il banner, ovvero lo striscione pubblicitario.

È possibile concentrare nello spazio messo a disposizione da un banner sia testo che immagini, e spesso sfruttare anche il movimento, capace di destare l'attenzione dell'utente.

Parlando di branding, gran parte del risultato dipende dalle modalità con cui si intende esporre il banner o i banner destinati ad una determinata campagna.

In particolare possiamo optare per:

La rotazione generale che consente di esporre il proprio banner fino ad esaurire le proprie impression, ovvero la quantità di esposizioni acquistate in un'area generica del sito ospite. La nostra pubblicità sarà in rotazione con banner di altri inserzionisti.

L'esposizione "targettizzata" permette la visualizzazione del proprio messaggio in base ad alcuni parametri che consentono di identificare meglio il target come un'area tematica del sito, contenuto attinente al messaggio del banner, una determinata fascia oraria o una pagina di risultati di ricerca ove l'utente abbia effettuato richieste per determinate parole chiave.

Si parla poi di esposizione programmata a tempo, che si è ormai evoluta e permette di stabilire un timing esatto che determina per quanto tempo un'inserzione sarà presente permanentemente su una o più aree del sito. Una cosa molto simile a quando acquistiamo lo spazio su un cartellone pubblicitario.

Quanto a dimensioni i banner seguono in genere le indicazioni degli standard proposti dall'Internet Advertising Bureau (IAB) che ha introdotto di recente nuovi formati standard, che sono:

- 120 x 600 Skyscraper (Grattacielo)
- 160 x 600 Wide Skyscraper (Grattacielo Largo)
- 180 x 150 Rectangle (Rettangolo)
- 300 x 250 Medium Rectangle (Rettangolo Medio)
- 336 x 280 Large Rectangle (Rettangolo Largo)
- 240 x 400 Vertical Rectangle (Rettangolo Verticale)
- 250 x 250 Square Pop-up (Pop-up Quadrato)

Di seguito la rappresentazione grafica dei formati indicarti sopra.

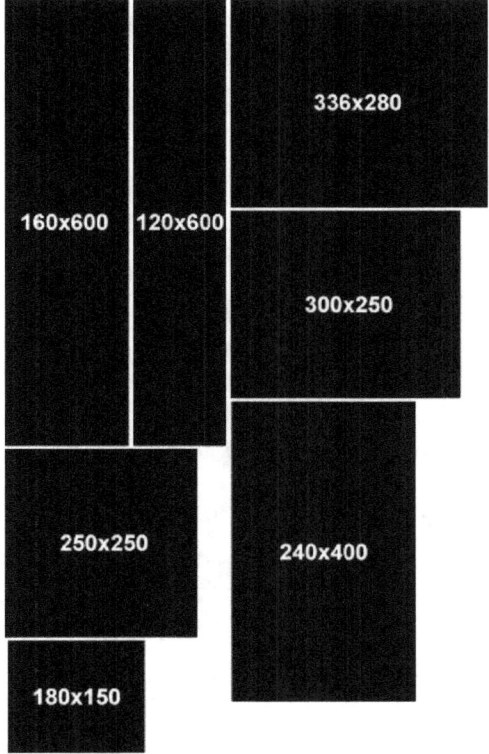

Ecco un esempio di sponsorship sul sito di HTML.it.

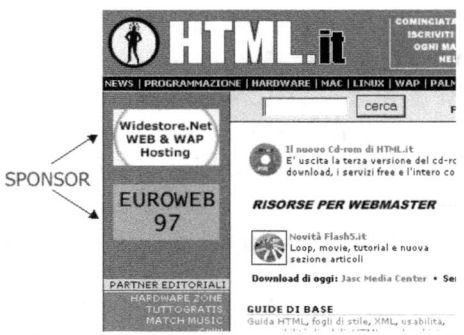

Sebbene i portali più famosi mettano a disposizione, a pagamento, molti spazi per i propri sponsor, a volte quella della sponsorship diventa per alcuni siti una tecnica di co-branding, ovvero rientra all'interno di una partnership tra due siti web che si sponsorizzano a vicenda. [71]

Molto simile a uno spot tv, ma evidentemente più limitato per problemi legati alla larghezza di banda presente su Internet, l'interstitial è un messaggio pubblicitario interattivo che appare automaticamente non appena l'utente richiede una determinata pagina, ed è programmato per un tempo pari a quello di caricamento della pagina richiesta. È essenzialmente uno strumento di branding più invasivo rispetto al banner e può essere utilizzato come alternativa a quest'ultimo.

L'efficacia dipende dalla qualità e dalla rapidità del messaggio, che dovrebbe essere il meno invasivo possibile per evitare di infastidire l'utente piuttosto che incuriosirlo.

Vi è poi la newsletter, ovvero una sorta di notiziario inviato periodicamente ad un certo numero di iscritti, uno strumento pubblicitario che sta guadagnando consensi in maniera crescente.

---

[71] G. Ciralli, "*Guida al web advertising*"
<http://webmarketing.html.it/guide/leggi/50/guida-web-advertising/>

La caratteristica vincente del mezzo è da rintracciarsi sicuramente nell'alta "targettizzazione" che questo consente.

In effetti coloro che decidono di iscriversi ad una newsletter lo fanno volontariamente e sono per di più interessati agli argomenti che questa andrà via via proponendo loro.

Il messaggio pubblicitario in sé, così come il contenuto, è generalmente costituito da solo testo, poiché le newsletter vengono solitamente inviate in questo formato, questo per consentire a tutti i destinatari di poter leggere agevolmente i contenuti anche attraverso applicazioni che non supportano formati evoluti come l'HTML.

Un modello di newsletter personalizzata è il seguente.

```
*******************SPONSOR*******************
NOME E DATI DELLO SPOSOR
*********************************************
Ciao Mario,
ecco le notizie che abbiamo selezionato per te questa settimana
Notizia 1 sul cantante
Link notizia
Notizia 2 sul brano e il videoclip
Link notizia

Arrivederci al prossimo invio

*******************SPONSOR*******************
NOME E DATI DELLO SPOSOR
*********************************************
```

Nella pubblicità tradizionale si usa distinguere tra comunicazione "above the line" e "below the line", dove la prima include la pubblicità "nobile" ovvero quella che sfrutta la

TV, la radio, la stampa e l'affissione, mentre la seconda è quella costituita da altri elementi come cataloghi, volantini, brochure, biglietti da visita, ecc.

Parallelamente su Internet esiste il cosiddetto below the web, che ha strumenti di comunicazione come le mailing list, i newsgroup, le chat e i forum. Sono tutti strumenti che sfruttano il concetto di community.

I newsgroup poi sono delle bacheche virtuali, spesso monotematiche, all'interno delle quali gli utenti possono trovare messaggi di loro interesse e operare attivamente inserendone di propri, più o meno come un forum o un'area tematica.

Il messaggio pubblicitario all'interno di un newsgroup dovrebbe essere molto "sottile", poco invasivo e il più possibile attinente all'argomento del gruppo di discussione.

Avvicinarsi a questi due strumenti, periodici e precisi, con tatto e precisione può essere davvero utile per tenere informati i fan o i possibili interessati, delle attività che svolge l'artista o la band.

Saper essere creativi e innovativi quando si parla di giovani e community è assai utile, bisogna comunque essere capaci di inquadrare la propria creatività all'interno di un progetto ben definito per non esagerare nella pubblicità. A volte la semplicità è quello che piace di più.

Normalmente ci sono diverse tipologie di creativi in pubblicità: copy writers, art director, illustratori, designer, ecc.

L'Internet advertising è più esigente e spesso richiede figure che siano in grado di concepire un messaggio nella sua interezza e quindi di realizzarlo anche da un punto di vista esecutivo.

Affinché abbia successo un messaggio pubblicitario, e questo vale ancora più per Internet a causa dei limiti imposti dal mezzo, deve avere le seguenti caratteristiche:

Chiarezza; è bene stimolare la curiosità del pubblico anche con messaggi "imprevedibili", ma sempre puntando alla chiarezza: in altre parole, è meglio evitare testi troppo lunghi e spezzettare troppo il contenuto. A volte una parola può essere più efficace di un'intera frase.

Immediatezza; spesso il navigatore è su Internet per cercare ciò di cui ha bisogno, raramente si muove senza uno scopo preciso. Il messaggio pubblicitario "accade" spesso, dunque, quando l'utente è già preso da ciò che sta facendo: ecco perché il contenuto del messaggio dovrebbe essere il più immediato possibile, ovvero dovrebbe saper comunicare in modo tale che l'utente non faccia nessuna fatica a recepirlo.

Originalità; siate originali, ma in maniera controllata. Adottare soluzioni nuove può essere un fattore determinante, ma non sempre con effetti positivi. A tal proposito è sempre bene considerare con attenzione il proprio target e quelli che sono gli stereotipi cui è abituato, dobbiamo dargli un buon motivo per essere interessati al nostro prodotto e quindi "toccare" anche solo parzialmente la sua sfera di interessi.

La comunicazione pubblicitaria si è evoluta sempre grazie alla componente "artistica".

La cosa da capire, quando parliamo di internet, è che tutto può essere integrato o visibile da qualsiasi parte. Creare quindi continuità e collaborazione tra le due forme di promozione, online e offline, è importante per completare la campagna e renderla solida e costante.

Per riassumere tutto ciò che abbiamo detto sin ora, se da un semplice articolo di giornale, o cartellone, attiriamo poi l'attenzione sull'esibizione in tv o alla presenza del performer ad una serata e da questa portiamo il nostro target a visitare il sito web, abbiamo fatto una buona campagna promozionale che è stata in grado di portare il pubblico dove volevamo e, quasi sicuramente, avremmo acquisito dei nuovi fan. [72]

---

[72] G. Ciralli, *"Guida al web advertising"*
<http://webmarketing.html.it/guide/leggi/50/guida-web-advertising/>

6.3 Gli eventi promozionali e i media radio-televisivi

Quando si parla di promozione non si può fare a meno di parlare degli eventi che permettono una facile e qualche volta gratuita pubblicità, mostrando il cantante e il videoclip a un vasto pubblico dal vivo o tramite trasmissione radiotelevisiva.

I primi eventi promozionali a cui bisogna partecipare sono i festival della musica e del videoclip. Questi eventi, dove molte volte sono presenti anche le radio, permettono all'artista di esibirsi dal vivo di fronte un vasto pubblico e nel contempo di fare pubblicità, direttamente sul palco e in prima persona, del suo album con il nuovo videoclip che ha girato. Avere inoltre la possibilità di avere uno stand in cui vendere i gadget e gli album o i dvd del cantante può favorire l'acquisto o almeno la popolarità dell'artista.

Essere ospite di un festival e poter cantare è il massimo per la promozione e, anche se non si è il solo ospite ma anche giurato, questo può avvenire facilmente attraverso il contatto diretto con i giornali e il rilascio di interviste.

Essere presenti sui giornali e ancor meglio in tv in un giusto quantitativo di apparizioni, di qualità, da segno che l'artista non è una meteora e che il suo percorso lavorativo è in costante crescita.

Il mostrarsi al pubblico è molto importante per una giusta promozione, ma la promozione migliore viene dalla radio e dalla tv che poi favoriscono le presenze ai concerti e quindi consistenti entrate per la produzione e l'artista, infatti assieme alle serate come ospite o giurato si affiancano le presenze in tv e radio.

Il servizio tv o radio può essere una semplice intervista al cantante ospite della trasmissione o un vero e proprio servizio che implichi la presenza del cantante per promuovere un tour o un nuovo album o videoclip.

La discografia di solito si preoccupa di trovare queste apparizioni al cantante ma ciò non significa che esso non possa fare promozione a se stesso chiamando e partecipando a programmi a cui altrimenti non sarebbe potuto partecipare. La persona deve essere sempre presente e disponibile e non divenire un mero prodotto di vendita.

Contattare le radio è il primo passo e, una volta entrati nel giro di conoscenze, si può passare ai contatti televisivi. In questo momento non importa che il programma abbia grande visibilità perché siamo in una fase di lancio. Con l'aumentare della fama aumentano anche le richieste e la possibilità di partecipare a programmi di alto livello.

Interessante da questo punto di vista è la collaborazione con enti o fondazioni che sponsorizzino l'artista e che possano allargare la fascia di potenziali fans del cantante.

Esistono tre tipi di pubblico:

I visitatori, cioè coloro che guardano o sentono il cantante per caso o per sentito dire e che al massimo possono seguire le apparizioni dell'artista in tv o radio

I fruitori, coloro che comprano il disco e conoscono l'artista e saltuariamente vanno ai suoi concerti.

Infine vi sono **i fan**, i fedelissimi si può dire, quelli che vanno a vari concerti del cantante e che acquistano oltre all'album tutto ciò che riguarda il cantante.

Il processo di acquisizione di fan è lento e almeno che non vi sia un evento scatenante, come la presenza dell'artista a uno show tv, che ne aumenti la visibilità e dia risalto alle sue doti, occorre molto tempo prima che il cantante abbia un suo pubblico assiduo.

Anche la presenza del cantante nei pub, nelle discoteche e nei luoghi pubblici non può fare altro che incrementare il bacino di pescaggio dei fan. Una serata in discoteca a volte può avere molto più effetto di un'intervista in tv. Se il pubblico cui puntiamo è giovane non sbaglieremo mai a far fare delle apparizione al cantante in locali alla moda ed eventi che coinvolgono i giovani.

Il gossip poi è una delle armi a doppio taglio che è bene analizzare prima di impugnare. Un buon gossip che parli del cantante può portare senz'altro vantaggi al cantante, ma un gossip scandalistico può sia velocizzare il processo di conoscenza del cantante sia aumentare i giornalisti in cerca di scandali che demoliscano facilmente la vita privata di un personaggio pubblico.

Sui giornali di gossip è bene uscire con pezzi "furbi" che parlino principalmente di iniziative a scopo benefico a cui l'artista prende parte e, se il giornale lo permette, di inserire in allegato il dvd, senza o con extra, del videoclip da vendere.

In base al target possiamo anche decidere di rilasciare interviste o materiale a giornali quotidiani, settimanali o per teenager.

Un pubblico di giovanissimi è facilmente conquistabile e altrettanto facilmente perdibile a causa del ritmo frenetico delle mode che incombono.

L'ideale sarebbe inserire il nostro artista in molti giornali, che coprano diversi target, per avere la maggiore visibilità possibile.

Gli allegati ai giornali, le serate in discoteca, le presenze in tv e radio oltre a una buona promozione sul web sono il metodo migliore per far conoscere il nostro artista e nel contempo a pubblicizzare il nostro videoclip. Difficilmente al giorno d'oggi un dvd di un videoclip ha grossi vendite ma con i giusti metodi è possibile distribuire il dvd a basso costo e con una presenza sul mercato maggiore rispetto a molti altri supporti.

Vendere un videoclip solamente al negozio di dischi o in libreria e vendere anche in edicola come allegato, agli stand dei concerti e affiancandolo a particolari eventi radio o tv sarà un toccasana per l'artista e per il regista che potrà vedere il suo videoclip acquistato da molte più persone.[73]

---

[73] Cfr. G.Sibilla, 1999, *"Musica da vedere"*, Roma, Eri/Rai-VQPT pp. 69-89

Riassumendo

Abbiamo fatto, in questa che vuole essere una sintetica guida pratica, una breve ed esaustiva "panoramica" sui processi ideativi e realizzativi, sulle tecnologie digitali necessari alla creazione di un videoclip e alla sua distribuzione.

Partendo da come si lavora a una sceneggiatura, funzione importantissima e imprescindibile per il successo di ogni prodotto video musicale, abbiamo tracciato i maggiori ruoli all'interno di una produzione di medio/alto livello e le tecnologie hardware e software necessarie. Dobbiamo renderci conto che non sempre ci sarà chiesto solamente di girare il videoclip come "director" ma dovremo occuparci di tutti i processi produttivi/realizzativi ed è per questo che abbiamo accennato dei rapporti con le altre figure della produzione e della troupe.

Conoscere i vari compiti, ruoli e le relative professionalità/responsabilità ci può dare una mano nel lavoro di gruppo e nei rapporti con le case di produzione indipendenti che ci "ingaggiano" per le produzione.

Applicando le conoscenze teoriche e pratiche apprese in questa guida al videoclip, saremo in grado di auto produrci e di ottenere un discreto risultato. Ovviamente nessuno può fare tutto da solo e avvalersi dei migliori collaboratori è un'ottima abitudine che può portare anche nuovi impieghi.

Inoltre questa guida vuole essere un punto di partenza per tutti coloro che sanno qualcosa o poco sul mondo delle riprese.

Una buona "crew" con collaboratori affiatati, che condividono con il regista obbiettivi e lo supportano nelle sue scelte estetiche ed espressive, sono la base di partenza per la crescita personale e la buona riuscita di ogni progetto audiovisivo, compreso quel particolare genere di audiovisivo breve che è il videoclip.

Questa guida può essere applicata, per quanto riguarda alcune regole generali, ad una produzione low budget come ad una high budget. Avere maggiori possibilità economiche ci permette di poter usufruire di attrezzature e staff di alto livello, ma non è detto che, grazie a qualche incentivo da parte di sponsor o associazioni interessate al nostro progetto artistico, non si riesca ad ottenere uno standard video quasi all'altezza di una ricca produzione.

La prima regola in questo campo è esercitarsi e imparare sempre dai migliori, magari offrendosi come tirocinante o stagista a una produzione video, così da carpire i segreti di chi lo fa per mestiere e poi metterli in pratica con la propria videocamera. Oppure cercando corsi video o tutorial sul web, per imparare guardando e potendo così allenare la vista ai metodi e gesti tipici di questo lavoro.

È tempo di passare alla pratica e di stendere la vostra sceneggiatura, creare uno storyboard, procurarsi le attrezzature, recuperare una troupe e ciak si gira.

FINE

Bibliografia:

Age, 2010, "Scriviamo un film", ilSaggiatore, Lavis

Amiel Vincent, 2006, Estetica del montaggio, Torino, Lindau

Anichini Alessandra, 2003, Testo- scrittura- editoria multimediale, Milano, Apogeo

Bertelli Stefano, 2006, Tesi Il lavoro del regista nella produzione del videoclip italiano, Ferrara Università degli studi di Ferrara

Buccheri Vincenzo, 2003, Il film : dalla sceneggiatura alla distribuzione, Roma, Carocci

Carlizia C., 1992, Come fare un buon video : corso di videoripresa e di montaggio, Milano, G. De Vecchi

D. Umberto, 2005, Dal soggetto alla sceneggiatura : come si scrive un capolavoro, Parma, MUP

Ganino G., 2006, Il linguaggio filmico e audiovisivo, Ferrara, Tecom project

Liggeri Domenico, 2007, Musica per i nostri occhi. Storie e segreti dei videoclip, Milano, Bompiani

Long Ben, 2005, Video digitale Il manuale, 2a ed. Milano Apogeo

Moscati Massimo, 1989, Manuale di sceneggiatura, Milano, Arnoldo Mondadori Editore

Peverini Paolo, 2004, Il videoclip – strategie e figure di una forma breve, Roma, Meltemi Editore srl

Pezzini Isabella, 2002, Trailer, spot, clip, siti, banner. Le forme brevi della comunicazione audiovisiva, Roma, Meltemi Editore srl

Rondolino Gianni, 2007, Manuale del film, Torino, UTET

Schiavone Roberto, 2005, Montare un film Dalla moviola al montaggio digitale, Roma, Dino Audino

Sibilla Gianni, 1999, Musica da vedere, Roma, Eri/Rai-VQPT

Syd Field, 2001, Come risolvere i problemi di sceneggiatura, Roma, Dino Audino

St. John Marner Terence, 2003, Grammatica della regia. Introduzione di Ridley Scott, Milano Lupetti editori

Ventriglia Gino, 2000, Il cinema oltre le regole : nuovi modelli di sceneggiatura, Milano, BUR

Ziosi R., 2006, Tracce storico teoriche relative alla musica per il cinema e la televisione, Ferrara, Tecom project

Koster R., 2004, The budget book for film and television, Burlington, Elsevier Focal press

Sitografia:

-http://gold.indire.it/datafiles/BDP-GOLD00000000001C5E18/L.O.attivita%20cinema.doc. Dott. G. Snaidero 2003/4 La parola tra teatro e cinema: il laboratorio di cinema

-http://interactiveminds.myblog.it/archive/2010/05/10/green-screen-cos-e-come-si-fa-come-si-utilizza.htmlM. Algeri Green screen, cos'è e come si utilizza

-http://it.kioskea.net/faq/502-come-fare-un-video-clipCome fare un Videoclip 2009

-http://webmarketing.html.it/guide/leggi/50/guida-web-advertising/G. Ciralli Guida al web advertising

-http://webmarketing.html.it/guide/lezione/1635/il-target-e-gli-spazi-pubblicitari/Web Marketing Staff Il target e gli spazi pubblicitari

-http://www.adobe.com/it/products/premiere/whatispremiere/Cos'è Adobe Premiere Pro

-http://www.apple.com/it/finalcutstudio/finalcutpro/Final cut pro

-http://www.aviditalia.it/products/Il prodotto Avid hd

-http://www.celtx.com/

-http://www.cinefile.biz/Dal catalogo online di sceneggiature edite di

-http://www.diloscenter.it/web/cinematecnologie/dida_02.htmDilos Center Equipe cinematografica

-http://www.dreamvideo.it/

-http://www.gruppotnt.com/it/nle/grassvalley-edius.htmlPiù potenza velocità per il nuovo Edius

-http://www.ilcorto.it/pdf/ComeSiScriveUnSoggetto.pdf Elisabetta Manfucci 2004 Scrittrice e sceneggiatrice di professione Come si scrive un soggetto per il cinema?

-http://www.ilcorto.it/ilCorto/Storyboard.htm

-http://www.ilsalicenarrante.it F. Bicchieri 35 millimetri di carta

-http://www.1aait.com/larovere/index.htmlV. Storaro La Fotografia Cinematografica

-http://www.manfrotto.it/category/8709.76991.0.0.0/TreppiediCatalogo Manfrotto

-http://www.montaggio-video.it/Guide/Guida_Montaggio_software.htmVideo editing: quale programma scegliere

- http://www.moviemakers.it R. Doloretti e Maurizio R. L'acquisizione e i formati video e audio

-http://www.rosanas.com/new/images/Coca-Cola%20Storyboard.JPG

-http://www.sonycreativesoftware.com/vegasproVegas pro 9
-http://www.videoediting.it/telecamere_digitali.html Le telecamere digitali
-http://www.videomakers.net/

Speranzoso che questo testo ti sia servito e piaciuto ti ringrazio e ti invito a mettere in pratica quello che hai imparato per crescere come persona e professionista.

Un caloroso saluto
Dott. Riccardo Badolato

www.ingramcontent.com/pod-product-compliance
Lightning Source LLC
Chambersburg PA
CBHW060244290526
45789CB00001B/188